AF297134

TESTAMENT POLITIQUE

DE

THÉODORE IER

ROI DES CORSES

PUBLIÉ

PAR EMMANUEL ORSINI

CAPITAINE D'INFANTERIE

Officier d'Académie

MONTPELLIER

IMPRIMERIE GUSTAVE FIRMIN ET MONTANE

Ancien Hôtel de la Faculté des Sciences

1895

TESTAMENT POLITIQUE

DE

THÉODORE Ier

ROI DES CORSES

K4
2275

TESTAMENT POLITIQUE

DE

THÉODORE Ier

ROI DES CORSES

PUBLIÉ

Par E. ORSINI

CAPITAINE D'INFANTERIE

Officier d'Académie

MONTPELLIER

IMPRIMERIE GUSTAVE FIRMIN ET MONTANE

Ancien Hôtel de la Faculté des Sciences

1895

BIBLIOTHÈQUE NATIONALE — R. F. — IMPRIMÉS.

Montpellier, le 15 Novembre 1894.

A Monsieur Favalelli,

Directeur-général
des Manufactures de l'Etat, à Paris.

Vous le savez, mon cher Cousin, l'histoire de la Corse m'a toujours tenté ; je lui ai consacré et lui consacrerai encore de nombreux loisirs. Aujourd'hui, heureux de posséder le testament du roi Théodore, je me fais un plaisir de le publier.

Ce document, écrit et signé de la main de Théodore, a eu bien à souffrir des injures du temps : les caractères se sont altérés, quelques mots ont disparu. C'est ainsi que plusieurs fois j'ai dû deviner des mots absents, et, parfois aussi, reconstituer certaines phrases.

J'ai apporté dans cette délicate tâche tout le soin possible, afin de conserver à cet écrit son cachet et sa forme originale.

Permettez-moi, mon cher cousin, de vous faire hommage de cette publication ; dédiée à une Personnalité aussi connue par ses talents et sa situation, elle n'en acquerra que plus d'intérêt.

Veuillez agréer, mon cher cousin, l'assurance de mon profond respect et de mon affectueux dévouement.

E. ORSINI.

NOTICE SUR THÉODORE

Théodore Antoine, baron de Neuhoff, naquit à Metz en 1690 ; il mourut à Londres en 1756. Son père possédait une baronnie dans le canton de Marck (Westphalie) ; il avait été capitaine des gardes de l'évêque de Munster ; mais, s'étant marié avec la fille d'un marchand, il fut disgracié et se vit obligé de se retirer en France, où la duchesse d'Orléans lui fit obtenir le commandement d'un fort dans le pays Messin.

A sa mort (1695), son fils, Théodore Antoine, fut admis très jeune parmi les pages de la duchesse d'Orléans. Il en sortit à 17 ans et entra en qualité de lieutenant dans le régiment de la Marck, au service de la France ; mais il n'y resta que peu de temps. Son esprit aventureux et son ambition précoce le firent passer dans l'armée Impériale, de là en Espagne, où le cardinal Albéroni l'employa à comploter le rétablissement des Stuart sur le trône d'Angleterre.

Après quelques voyages en Angleterre, la trame fut découverte et Théodore n'eut que le temps de se sauver en Espagne.

Il resta à la Cour de Madrid avec le titre de Colonel honoraire, et fut chargé par le cardinal Albéroni de diverses missions diplomatiques. Après la chute de ce ministre, il resta en faveur auprès de son successeur, le duc de Riperda.

VIII

En Espagne, comme en Angleterre et en Italie, il con-
tracta de grosses dettes qu'il ne paya jamais. Partout il
chercha à inspirer confiance en se donnant des titres peu
authentiques, tels que celui de chargé d'affaires de l'Empereur Charles VI.

Des émigrés corses avaient connu Théodore à Florence,
en 1732; ils crurent trouver en cet homme lié de connaissance avec presque toutes les Cours d'Europe, en cet
homme habile, entreprenant, un chef capable d'assurer l'indépendance de la Corse. Ils lui offrirent la couronne, par
l'entremise de l'abbé Orticoni.

Théodore accepta l'offre des Corses, et, cela fait, il par-
courut l'Europe, demandant à toutes les Cours des secours
qu'il n'obtint pas. Il passa ensuite à Tunis, où il vit le bey,
qui lui accorda, en vue du succès de son entreprise, des secours considérables. Théodore arriva en Corse, le 12 mars
1736, et fut reçu par les Corses comme un libérateur; il fut
porté en triomphe au château de Cervione, où il installa sa
petite Cour.

Aussitôt après il attaqua les Génois et les battit dans
deux rencontres. L'enthousiasme ne connut alors plus de
bornes, et la *consulta* générale convoquée le 15 avril à Alié-
sani, l'élut à l'unanimité roi de Corse, sous le titre de
Théodore Ier. Le nouveau roi obtint de nouveaux succès;
mais l'argent s'épuisant et les secours demandés n'arrivant
pas, Théodore se rendit à Livourne, Rome, Paris, Amster-
dam. Il éveilla partout une grande curiosité, obtint quelques secours et débarqua de nouveau en Corse, le 15 septembre 1738. Il avait avec lui 3 vaisseaux portant 174 canons, plusieurs chaloupes-canonnières, une petite flotille
de transports renfermant 24 pièces de campagne, 9.000 fusils ou pistolets, 50.000 kilog. de poudre, 100.000 kilog. de
plomb. Théodore trouva le pays divisé et découragé; le
peuple conduisit cependant de nouveau son roi en triomphe
à Cervione. C'est à ce moment que se produisit l'interven-
tion française, à laquelle le peuple avait été préparé par

les partisans d'une annexion de l'île à la France. La vérité sur Théodore s'étant faite, les Corses ne virent plus dans ce personnage qu'un aventurier aux moyens douteux; ils cessèrent de croire en lui et aux alliances qu'il faisait miroiter à leurs yeux.

Abandonné de ses sujets, il abdiqua et se retira à Londres.

TESTAMENT POLITIQUE

DE

THÉODORE IER

ROI DES CORSES

On a parlé assez longtemps de moi dans le monde pour que je puisse supposer que l'on sera bien aise de me connaître. Je me propose cependant un but plus utile et plus glorieux que la vaine satisfaction de détruire les faux préjugés que mes ennemis et mes envieux ont répandu en Europe.

Ma vie est si mêlée d'événements de la bonne et de la mauvaise fortune, qu'un tableau exact de la façon dont je me suis conduit dans les principales circonstances où je me suis trouvé ne peut être que très instructif.

Les princes et le commun des hommes y verront des leçons également importantes; ceux qui liront ces mémoires, avec un esprit libre de préoccupations, apprendront à mieux juger de moi, des peuples dont j'aurais fait le bonheur, et regretteront, peut-être, que je ne sois plus en état d'exercer des droits confiés aussi librement, qu'enlevés avec légèreté.

On aurait tort de regarder cet ouvrage comme une apologie intéressée de ma conduite : je ne dois qu'à mon honneur et à ma gloire cette espèce de justification. Bien loin de me livrer aux espérances vagues d'une ambition que tant de malheurs ont limitée, je n'aspire plus qu'à finir paisiblement ma vie, dans un repos que je regardais, il y a trente ans, comme une espèce d'anéantissement.

Choisi par les suffrages empressés d'une nation qui rentrait dans l'exercice de ses droits, par l'abus que ses maîtres avaient fait des leurs, je n'ai point balancé sur l'offre d'une couronne où m'appelaient les vœux de la Corse opprimée. J'ai osé prendre rang parmi les souverains, et, si la fortune avait poursuivi son ouvrage, j'aurais occupé un trône, sur lequel ma postérité serait assise avec justice.

On a eu des idées bien diverses sur ce qui me regarde : mon pays, mon état et mes premières occupations ont été la matière des plus ridicules jugements. Je vais débrouiller ce chaos et paraître tel que je suis ; la vanité n'a aucune part dans les détails où je me crois obligé d'entrer. On ne me soupçonnera pas de vaine gloire dans ce que je dirai de ma naissance, du point d'élévation où je me suis vu. Les objets du petit amour-propre de la plupart des hommes ne me paraissent que ce qu'ils sont ; du reste les révolutions surprenantes de ma fortune m'ont appris à apprécier des grandeurs bien plus éblouissantes.

Je suis issu d'une famille noble, et né dans un pays où le préjugé de la naissance est un avantage trop réel pour ne point régner avec empire.

Mes ancêtres ont toujours tenu un rang assez considérable dans le cercle de Westphalie ; mon père, dévoué de tout temps à la maison Palatine, suivit l'empereur Maximilien de Bavière, dans les événements qui ont si bizarement diversifié le cours de la vie de ce bon prince.

Je vins au monde pendant son attachement aux intérêts de l'Electeur de Saxe, au mois de janvier 1690. Je n'entrerai pas dans le détail des événements qui se sont passés dans mon enfance, même de ceux auxquels un âge plus mûr m'a permis de prendre part.

On a tant de mémoires sur ce qui s'est passé dans les dernières années de ce siècle, et l'on est si fort instruit des opérations militaires et politiques qui suivirent la mort de Charles second, roy d'Espagne, que tout ce que je pourrais dire ne serait qu'une ennuyeuse répétition.

Je me borne donc aux choses qui me sont personnelles, et, si quelquefois je suis obligé de parler des événements publics, c'est toujours dans le rapport qu'ils ont à mes affaires particulières.

A peine la paix de Rastadt avait-elle rétabli Maximilien dans la possession de son électorat, que ce prince me donna des preuves de l'estime qu'il avait pour mon père. Je passais, promptement, d'une compagnie du régiment de ses gardes au commandement du régiment d'Infanterie du Prince électoral.

Je restais deux ans à la Cour de Bavière avec assez de tranquillité ; je faisais assidûment ma cour à Maximilien et à la Maison électorale. Je songeais à me marier ; mais une plus forte passion réveilla des idées de gloire et de fortune auxquelles il ne me fut pas possible de résister ; et, croyant ne différer mon mariage que de quelques mois, je me vis peu à peu dans la nécessité de n'y plus songer pour longtemps. Le calme de la paix de Rastadt fut troublé par l'invasion subite que les Turcs firent en Morée, qui attaquèrent quelque temps après l'île de Corfou ; l'Empereur, obligé de secourir les Vénitiens, se détermina à la guerre ; M. le Prince Eugène en eut la conduite en Hongrie. J'aurais fort souhaité partager la gloire des deux princes en campagne ; mais il ne me fut possible de joindre l'armée qu'au printemps de 1717. M. le Prince Eugène venait d'investir Belgrade ; le grand-vizir ayant ramassé toutes les forces ottomanes marchait pour nous en faire lever le siège.

Tout le monde connaît la situation de Belgrade. Il était impossible au général de l'Empereur d'étendre son quartier de façon à embrasser tout le contour de la place ; le confluent du Danube et de la Saxe rendait cette position par trop hasardeuse. Il se borna donc à établir son armée entre les deux rivières, et, à veiller sur les autres côtés de la ville par de fréquents détachements de cavalerie et de troupes légères. A peine le siège était il formé que l'approche du grand-vizir avec une armée de 200.000 hommes nous annonça que nous n'achèverions pas le siège de Belgrade sans combattre.

Le comte de Mérit, tué depuis à la bataille de Parme, fut détaché avec un gros de cavalerie et de grenadiers pour observer les mouvements des Turcs ; il disputa pendant quelque temps les premiers débouchés à l'avant-garde de leur armée, et quand il crut avoir pénétré que leur dessein était de s'approcher de notre camp, il marcha en retraite avec beaucoup de conduite et d'audace.

Les Turcs vinrent se poster à une lieue et demie de distance de notre camp, sur les hauteurs qui le bordaient ; le front du terrain qu'ils occupaient était assez resserré. Le grand-vizir eut l'imprudence de se camper sur plusieurs lignes dédoublées, faisant face au Danube et à la Saxe, ce qui ne pouvait s'exécuter sans nous prêter le flanc dans toute l'étendue de sa position. Un large canal destiné à l'arrosage des terres nous séparait des Turcs. Le canal était plus près d'eux que de nous. Il n'y eut qu'une voix dans toute l'armée pour attaquer les infidèles dans une position qui nous parut si vicieuse ; mais ce cri universel n'ébranla pas M. le Prince Eugène, qui avait des idées plus élevées. Il sentit que les Turcs seraient forcés de joindre une plus grande faute à cette première démarche, et il attendit ce moment qui ne manqua pas d'arriver.

Je m'entretenais un soir avec M. le Prince Eugène de l'envie que l'armée témoignait de combattre, et de la belle occasion que les Turcs paraissaient nous offrir ; il répondait à mes raisons, avec cette bonté qui lui était naturelle, mais sans me découvrir son projet ; mais lorsque M. le Prince Alexandre de Wurtemberg entra : — « Monsieur, lui dit-il, ne voulez-vous pas détruire demain toutes les forces du Sultan ? »

— « Et comment cela ? » répondit Eugène.

— « Croyez-vous la chose si facile ? »

— « Sans doute, répliqua M. de Wurtemberg, il ne faut les attaquer que dans leur camp ; il est plus mal choisi que ceux d'Hoestet et de Turin. »

Ces deux premiers princes eurent devant moi une discussion pendant laquelle l'un s'abandonna à toute l'impétuosité de son caractère, et l'autre ne sortit jamais des bornes de la douceur. Il feignit enfin de se rendre, en disant à M. de Wurtemberg que le lendemain il consentait à examiner avec lui les positions de l'ennemi et les raisons qui pourraient faire espérer de les attaquer avec succès.

Lorsque le Prince Alexandre fut sorti, notre général me dit qu'il était persuadé que je changerais d'opinion, et que la nécessité de donner une bataille ne me paraîtrait pas aussi pressante que dans ce moment.

Les officiers généraux se rendirent de bon matin chez M. le Prince Eugène. Un gros détachement aux ordres du Comte de Kenhaller précéda et couvrit la marche : on repoussa les gardes des Turcs, on suivit tout le front du champ de bataille qu'ils avaient choisi, et on rejoignit l'armée, plus persuadés que jamais qu'il fallait combattre.

En effet, jamais armée ne s'est trouvée dans une situation plus critique que celle où nous étions. L'arrivée du Vizir avait relevé le courage et les espérances des assiégés ; notre armée était fort diminuée, nos subsistances ne pouvaient plus aborder par le Danube, la flotte des Turcs, supérieure à la nôtre, et l'artillerie de la place nous enfermaient dans notre camp ; de plus 6o,ooo Tartares, qui couraient le pays, rendaient toutes routes impraticables à nos convois.

Je soupais chez M. le Prince Eugène, qui paraissait résolu de tenter la fortune, lorsque sur le point de me retirer, il dit au Comte de Mérit de m'amener dans son cabinet et de l'y attendre avec moi.

« — Vous croyez, nous dit-il, en y rentrant, que je me suis
» rendu, mais vous vous trompez. Ecoutez mes raisons, pesez-
» les ; après, vous me direz ce que vous en pensez. Vous avez
» pu remarquer l'amas de fascines que les Turcs font dans leur
» camp ; il est facile d'en deviner l'usage ; ils se préparent à
» nous attaquer dans le nôtre. Je suis bien éloigné de les en
» empêcher, car ils ne sauraient venir à nous qu'en traversant
» le ravin qui va de la Saxe au Danube. Or, ce ravin est trop
» près de notre camp pour qu'ils puissent songer à se poster
» tous en deçà. Ils se mettront entre leurs lignes, ils seront
» donc réellement séparés en deux, et je les combattrai dès
» qu'ils auront fait ce mouvement, avec l'avantage de n'avoir

» en tête qu'une partie de leurs forces, et s'ils passent en tota-
» lité le canal, ils seront encore dans la nécessité de se voir
» attaquer dans un poste sans profondeur, où tous leurs mou-
» vements seront gênés ; ajoutez à ces difficultés un obstacle
» presque invincible à leur retraite, ce qui est un inconvénient
» bien capital pour des troupes sans discipline, et qu'on ne
» rallie jamais.

« Cependant dans le cas où le Vizir s'obstinerait, ce que je
» ne crois pas, à me bloquer en se tenant dans le camp qu'il
» occupe, je serais alors contraint de revenir à l'avis de M. le
» Prince de Wurtemberg; mais vous sentez bien que pour me
» procurer les avantages qui résulteront des faux mouvements
» où j'espère engager les Turcs, il n'est pas juste de suivre les
» conseils que le courage et l'envie de se signaler dictent à
» M. de Wurtemberg et à toute l'armée. Cette ardeur me
» charme, j'en tire bon auguré pour le succès ; mais je n'en veux
» faire usage que dans les règles de la guerre et de la pru-
» dence. »

Il faut les talents de M. le Prince Eugène pour parler avec
cette éloquence militaire et persuasive qui lui était propre. Il
entra avec nous dans le détail de tous les mouvements possibles
des Turcs relativement à ses desseins. Après avoir admiré son
bon cœur et sa prévoyance, nous sortîmes, persuadés de la
justesse de ses vues et du succès qu'allaient avoir sa patience
et sa sagesse.

Que sert de s'étendre plus au long sur un évènement encore
récent, et dont le souvenir ne périra jamais ! Je ne suis
du reste entré dans le détail de ce qui précède cette glorieuse
journée que pour justifier M. le Prince Eugène du reproche
de timidité dont quelques envieux ont osé taxer la plus belle
et la plus prudente action de ce grand capitaine. Les Turcs
donnèrent également dans tous les pièges qu'il leur tendit; il
les amena au point où il voulait les combattre, ce qu'il fit enfin
avec une gloire et un succès prodigieux.

Ce prince me fit l'honneur de me distinguer entre ceux dont
il parut content après cette importante victoire. Et il écrivit, si
favorablement pour moi, à Vienne et à Munich, que je n'ai pas

manqué de ressentir les effets de son estime dans une affaire qui changea absolument mes desseins et ma fortune.

Le marquis Mattei commandait les troupes bavaroises, et avait sous lui un maréchal de camp, nommé La Colonie, qui a publié ses mémoires.

Ces deux généraux étaient ouvertement mal ensemble. Je n'étais lié avec aucun d'eux.

Après la bataille, pendant laquelle le marquis Mattei se conduisit en brave, La Colonie répandit sourdement que le général bavarois n'avait pas fait son devoir. Cette accusation fit du bruit. Un jour que je dînais avec La Colonie chez M. le comte Jean Palsi, La Colonie eut l'impudence de dire que le marquis Mattei n'avait paru à la tête de nos troupes que lorsque tout était fini. Une si fausse accusation me révolta: je répondis que pendant toute la bataille j'avais vu Mattei à son poste, remplissant ses devoirs en honnête homme et qu'il m'avait même donné plusieurs ordres pendant l'action et dans les moments les plus périlleux.

Il me répondit brusquement que je mentais; à quoi je répliquais comme l'exigeait l'insulte : nous nous battîmes. Je blessais La Colonie d'un coup de pistolet, dont il ne mourut cependant pas.

Une pareille aventure ne saurait être regardée comme pardonnable dans un pays où le poids de la subordination étouffe tout préjugé de délicatesse et de point d'honneur.

La Colonie était un brave et de plus mon supérieur ; il avait bien servi la maison de Bavière et contribué avec assez d'éclat à la victoire de Belgrade. Je l'avais offensé irrémissiblement par un affront dont le sentiment n'est pas si vif en Allemagne qu'en France ; et, au mépris de l'obéissance que je lui devais, je m'étais battu avec lui. Je sentis que je ne pouvais plus rester au service de l'Electeur de Bavière et je me déterminais à l'en prévenir.

Je fus quelque temps incertain du parti que je prendrais ; mais mon goût pour la guerre ne me permit pas de rester oisif. Je balançais un moment pour la France, et je me déterminais enfin pour l'Espagne.

Le cardinal Albéroni était alors tout-puissant à Madrid. Cet homme, d'un esprit élevé et incapable d'être rebuté par des difficultés, avait conçu le vaste projet d'ébranler l'Europe pour rejoindre à l'Espagne ce qu'elle avait été contrainte de sacrifier pour le bien de la paix. Il communiqua à tous les ordres de l'Etat l'activité de son génie ; il imprima une énergie jusqu'alors inconnue à tous les ressorts de ce gouvernement, de sorte qu'en moins de trois ans, on vit l'Espagne, qui n'avait pú réduire seule les rebelles de Catalogne, enlever la Sardaigne, attaquer la Suisse, troubler la France et l'Angleterre par des intrigues, relever les espérances de la Suède, et attirer, dit-on, les Turcs en Hongrie.

Une nombreuse armée fut formée en peu de temps, des flottes redoutables sortirent des ports de cette monarchie abattue et épuisée. Tant il est vrai qu'il n'y a rien d'impossible à un grand génie absolu dans un puissant Etat. Je pris la route de Madrid en refusant de me charger de lettres de recommandations une simple permission de l'Empereur et une lettre de M. le prince Eugène me parurent suffisantes.

Voici cette lettre :

« A Belgrade, le 18 septembre 1717.

» J'ai reçu, Monsieur, la lettre que vous avez pris la peine de m'écrire. Je n'abuserai pas de la confiance que vous me témoignez ; j'y suis sensible et vous savez que je la mérite par mes sentiments pour vous. J'aurais grande envie de vous retenir au service de l'Empereur ; mais les égards que Sa Majesté Impériale doit à M. l'Electeur de Bavière s'opposent à ma bonne volonté.

» Soyez sûr que dans quelques pays que vous habitiez, je ne cesserai de vous aimer et de vous estimer ; il ne m'est pas possible de vous recommander en Espagne, car je n'y suis connu que par des lettres dont je ne dois pas faire usage. La circonstance d'ailleurs n'est nullement favorable ; mais le cardinal Alberoni se connaît trop bien en hommes pour ne pas voir ce que vous valez.

» Si mon estime parfaite peut contribuer à votre fortune vous pourrez assurer tout le monde qu'on ne peut rien ajouter à celle que j'ai pour vous.

» Je vous prie d'en être persuadé, ainsi que des sentiments avec lesquels je suis, Monsieur,

» Votre très affectionné serviteur,

» Eugène de Savoie. »

A peine fus-je arrivé à Madrid, que je cherchais l'occasion de me faire présenter au cardinal Albéroni. L'occasion ne tarda pas : l'abbé Albéroni, son neveu, se chargea de me rendre ce bon office.

Vers la fin de novembre 1717, la Cour était alors à Madrid. Je fus introduit dans le cabinet de ce ministre sans le cérémonial dont les cardinaux sont rarement avares. Il se leva quand il me vit entrer, et me dit obligeamment qu'il savait tout ce que je valais, que le roi faisait cas du courage et de la conduite, et qu'il était persuadé que mes services justifieraient la réputation qui m'avait précédé à Madrid.

Il me questionna beaucoup sur la dernière campagne de Hongrie, sur les troupes impériales, sur M. le prince Eugène et sur les autres généraux allemands.

Je crus remarquer qu'il voyait avec plaisir l'Empereur en Hongrie et qu'il espérait que les Turcs l'occuperaient assez sur ce théâtre pour qu'il ne pût songer à la défense de ses États d'Italie, qu'il comptait lui enlever.

Je fus très satisfait de la réception que m'avait faite ce ministre; les assurances qu'il m'avait données m'étaient très agréables ; je fus plusieurs fois à son audience, et n'en sortis jamais sans des marques de son souvenir. Il me fit enfin avertir de me trouver chez lui le 10 janvier 1718, sur les neuf heures du soir. Je n'eus garde d'y manquer et, à peine fus-je arrivé, que le Cardinal, ouvrant lui-même la porte de son cabinet pour faire sortir M. le duc de Sopoli, m'aperçut et me fit entrer.

— « J'ai parlé de vous plusieurs fois au roy, me dit-il, » Sa Majesté est déterminée à vous employer à son service ; » elle vous accorde le rang de Colonel de dragons, à la suite du

» régiment d'Oran et 8,ooo francs de pension, mais vous ne re-
» joindrez pas ce corps, ajouta-t-il, en me frappant sur l'épaule,
» car je veux vous faire courir. »

Je remerciai le Cardinal, comme je le devais, d'une grâce si
importante ; je l'assurai de ma fidélité pour mon maître, du zèle
et de l'activité avec lesquels je le servirais. « Je n'en doute pas,
reprit le Cardinal ; venez avec moi, il faut remercier L L. M. M.
de la confiance qu'elles sont disposées à avoir en vous. »

Je suivis ce ministre dans l'appartement du roy. Il me laissa
à la porte de la chambre du monarque, où je m'entretins un
moment avec le marquis de Val de Camas. La porte s'ouvrit et
le Cardinal vint me prendre.

Le Roi et la Reine étaient assis à côté l'un de l'autre, sur
une espèce de sopha. Je fis trois génuflexions pour les aborder,
et, quand je fus auprès de leurs majestés, le Roi me fit signe de
me tenir debout.

« M. le Cardinal m'a fort parlé de vous, me dit le Prince,
vous êtes bien jeune encore, mais à votre âge on ne jouit guère
d'une réputation établie sans l'avoir bien méritée ; aussi suis-je
convaincu que je fais une bonne acquisition pour mon service. »

La Reine renchérit encore sur les expressions du roi, son
époux.

Il est rare d'avoir une audience pareille ; je sentis mon amour
propre très flatté d'une distinction si particulière. L L. M. M.
parurent contentes de la façon dont je répondis à leur bonté,
ainsi que des réponses que je fis à leurs questions.

Le roi s'étant levé un instant après pour se rapprocher d'une
table, sur laquelle j'aperçus quelques papiers, le Cardinal me fit
signe de sortir. Quelque temps après cette heureuse journée,
le cardinal Albéroni me fit dire de me rendre à la Cour, où il
avait des ordres à me donner.

Fidèle au rendez-vous, il m'ouvrit cette partie du sanctuaire
de sa politique, la plus fine et la plus profonde dont un homme
puisse s'aviser.

Il me déclara qu'ayant remarqué avec plaisir que je joignais à
un esprit assez mûr beaucoup d'activité, il avait jeté les yeux sur

moi pour renouer les intrigues que la découverte du baron de Gaerts, sa détention ainsi que l'emprisonnement du comte de Guillembourg, avaient presque mises à nu. Tout le monde se rappelle les menées du baron de Gaerts et du comte de Guillembourg, en Angleterre et en Hollande, qui avaient précédé celles que M. le prince Cellamare conduisit à Paris.

L'Empereur Charles VI, en évacuant la Catalogne, n'avait reconnu que l'impuissance où il se trouvait de faire valoir des droits auxquels il ne renonçait pas. Philippe V, en abandonnant les anciens États de sa couronne en Italie et dans les Pays-Bas, cédait à la nécessité, bien résolu de se prévaloir des circonstances qui pourraient le dédommager d'un sacrifice injuste et forcé. En montant sur le trône d'Espagne, il avait renoncé à ses droits sur la couronne de France ; or, cette renonciation n'était pas dans les premiers moments d'un prix bien considérable ; mais, par les ravages que la mort fit dans la branche royale de sa maison, il augmenta. Bientôt on ne vit plus qu'un jeune prince d'une santé chancelante entre le trône français et lui. Forcé d'opter, il se détermina d'autant plus sagement à renouveler ses renonciations qu'il était persuadé qu'elles n'étaient qu'une vaine formalité incapable de porter atteinte à la loi fondamentale de la succession du royaume de France.

Il convenait donc à la Cour d'Espagne de se préparer à tout évènement, ce qui, joint à la passion de recouvrer ce que la paix d'Utrecht l'avait forcé de céder, la mettait dans la nécessité de prendre des mesures qui devaient nécessairement irriter le ministère de France et la Cour de Vienne, contre des projets ambitieux qui ne pouvaient s'exécuter qu'à leurs dépens.

La désunion de la maison de Bourbon et l'exclusion absolue de la branche qui régnait en Espagne, au trône de la monarchie française, étaient trop avantageuses au gouvernement anglais pour qu'il refusât de s'allier avec le duc d'Orléans et l'Empereur ; aussi le roi d'Angleterre entra-t-il dans toutes leurs vues.

Ces trois princes prirent les engagements les plus forts et, pour être plus à même de se secourir mutuellement, la France et l'Angleterre ménagèrent la paix entre la maison d'Autriche et les Turcs. Cette paix fut signée à Savarowitz, au mois de juillet de la même année.

Tant d'obstacles ne rebutèrent point M. le cardinal Albéroni: l'objet de ses desseins était découvert, mais les ressorts sur lesquels il comptait le plus étaient encore cachés: il ne fut donc que plus acharné à suivre ses projets, et la confiance du roi étant sans bornes, il donna l'essor à cette âme hardie et grande. Les coups qu'il porta étonnèrent l'Europe, et ce qui mit le comble à sa gloire, c'est l'empressement et l'unanimité que les plus grands souverains mettaient à l'éloigner du ministère.

On sentit dans le conseil de Madrid que le grand Seigneur ayant fait la paix avec l'Empereur, ce monarque, aidé de la France et de l'Angleterre, serait un ennemi dangereux.

Il fallait donc chercher à tarir la source des secours qu'il en attendait: occuper le roi d'Angleterre en réveillant les partisans du roi Jacques et forcer M. le duc d'Orléans à se précautionner contre un parti que l'on forma à Paris et dans les provinces. Tel fut le moyen adopté par le cardinal Albéroni.

Ainsi pour retenir ces deux puissances alliées de l'Empereur, on songea à fomenter au milieu de leurs Etats, des dissensions capables de les distraire de leurs engagements.

Voici, en peu de mots, où en étaient les choses en Angleterre, lorsque le cardinal Albéroni fut éloigné de la Cour et ensuite renvoyé en Italie.

Le Cardinal m'envoya chercher quelques jours avant l'accouchement de la reine, et après m'avoir expliqué, comme je l'ai dit, la partie de ses desseins à laquelle il avait résolu de m'employer, il m'ordonna de me tenir prêt à partir dans peu de jours. Je ne fus pas longtemps à recevoir ses instructions: elles contenaient le pouvoir de prendre des engagements, au nom du roi d'Espagne, avec tous les seigneurs Ecossais du parti du prétendant, l'ordre de voir l'état de leurs forces, leurs ressources et le degré de leur bonne volonté.

Je fis route vers la France pour me rendre en Ecosse. Je débarquais assez heureusement à Sterling ; et, après quelques questions de l'officier anglais qui commandait dans cette place, j'obtins la permission de vacquer aux achats pour lesquels il supposait que j'étais arrivé. Je vis les ducs de Warton et d'Arthol, et généralement tout ce qui passait pour attaché au prétendant. Je jugeais favorablement des dispositions des Ecossais pour ce prince, et je vis qu'il serait possible d'y allumer et d'y soutenir une guerre civile.

On me cachait dans les maisons où l'on me faisait venir les chefs de parti des cantons d'alentour.

Les paysans se mettaient à genoux, me baisaient les mains et me chargeaient de rendre cet hommage à leur roy.

La noblesse me parut disposée à se sacrifier pour le rétablissement des Stuart, et j'emportai un traité signé de plus de deux cents personnes considérables par leurs noms et par leurs connaissances.

Je fus près de quatre mois en Ecosse, où je puis dire que je travaillais fructueusement. Après, je passais en France avec la secrète satisfaction du succès de ma commission.

Je débarquai à Dunkerque, où j'appris, non sans quelque inquiétude, que les menées de M. le prince de Cellamare étaient découvertes ; que cet ambassadeur avait été arrêté, ainsi que le duc et la duchesse du Maine, le cardinal Polignac exilé, le marquis de Pompadour mis à la Bastille, et les troubles de Bretagne étouffés dans leur naissance.

Je me gardai bien de découvrir l'intérêt que je prenais à ces faits. Je me rendis à Paris pour tâcher d'être mieux instruit. Malgré la vigilance exacte de la police, je trouvai le secret de pénétrer plusieurs intrigues, et fis même répandre dans le public un mémoire justificatif de la conduite de l'ambassadeur espagnol, mémoire qui fit beaucoup de bien et dont on chercha en vain l'auteur.

Craignant de me rendre suspect en prenant la route d'Espagne, je résolus de franchir les Alpes et de venir m'embarquer à Gênes, pour Barcelone.

Le voyage me réussit très bien, et j'arrivai à Madrid le 20 décembre 1718.

Je fus très bien reçu du Cardinal ; ce que je lui appris de mes travaux en Ecosse me parut lui faire grand plaisir. Je ne le trouvai point ébranlé par tous les obstacles qui contrariaient ses desseins ; ils n'étaient cependant pas médiocres, car, outre ce qui se passait en France, l'Empereur était désormais en état de défendre avec toutes ses forces, ses possessions d'Italie.

La dernière espérance du Cardinal fut dans la répugnance que les Français témoignaient de faire la guerre à Philippe V. Le maréchal de Villars avait refusé généreusement le commandement de l'armée qui marchait en Navarre ; les corps témoignaient une mauvaise volonté toute publique, et le Chevalier de Saxe, qui venait d'abandonner le service de cette couronne, flatta les désirs du Cardinal, en lui exposant que l'armée française se débanderait au moment où le roi d'Espagne arriverait à la frontière. Aussi le Cardinal ne comptait plus que médiocrement sur les ressorts cachés de sa politique. La mort du roy de Suède lui ayant enlevé les ressources qu'il s'était ménagées dans le Nord, l'Europe vit avec surprise ce hardi ministre commencer une guerre ouverte en France et en Italie ; soutenir avec éclat les partisans de la maison des Stuart en Ecosse, et remplir toute la terre du bruit et de la grandeur de ses entreprises.

Il n'est pas douteux qu'il aurait rendu à l'Espagne sa première influence dans les affaires publiques, si les plus puissants monarques de l'Europe n'avaient pas été intéressés pour leur sûreté à l'éloigner du ministère.

C'est la première fois qu'on a vu les rois cabaler avec leurs courtisans pour l'éloignement d'un ministre qui les faisait trembler.

Il succomba enfin sous tant de grandes entreprises ; ce n'est pas qu'il ne fût à hauteur de les faire aboutir, mais le Roy d'Espagne, jugea à propos de ne pas suivre jusqu'au bout les vastes projets d'un ministre qui commençait à devenir malheureux. Aussi fut-il obligé de se retirer en Italie.

La paix qui venait de se faire m'ôta la considération dont je jouissais à Madrid, à laquelle la confiance du Cardinal, qui s'était fort augmentée, avait donné un nouvel éclat. Le Roy, peu de temps après le départ de Son Eminence, eut la bonté de m'assurer qu'il continuerait à prendre soin de ma fortune.

L'oisiveté dans laquelle je vivais me permit de me livrer au goût que j'avais toujours eu pour l'étude.

L'histoire faisait mes délices ; je ne la regardais point comme un simple amusement, mais comme une excellente école de morale et de philosophie : je m'attachais à étudier en détail les évènements extraordinaires, les subites élévations, ouvrages de la conduite et des talents, encore plus que la fortune.

Je jetai les yeux sur l'Europe, et par la nature des choses je ne voyais point d'objet qui me parût digne de fixer l'ambition ; mais les ressorts jouent dans des bornes plus ou moins étendues. On ne désire pas moins ardemment, on ne travaille pas moins assidûment pour mériter un faible grade, un gouvernement en France ou en Espagne, que César et Pompée ont désiré et travaillé pour obtenir l'Empire du monde.

Je ne sais si les hommes sont plus heureux depuis le frein imposé à la plus vive de toutes les passions : les grands crimes sont plus rares peut-être, mais le cercle des vertus est sans doute plus étroit. L'amour des Grecs pour la liberté, la passion des Romains pour la gloire, ces vertus mâles et sûres qui étonnent aujourd'hui nos petites âmes, étaient dans l'ordre commun des vertus civiques et des qualités de simples citoyens.

Ces réflexions m'occupaient ; mais il fallait chercher à fixer ces idées vagues sur un objet qui pût me convenir. Je parcourus donc en esprit le monde politique. Et après de profondes méditations je résolus de tâcher d'obtenir la vice-royauté du Mexique, ou celle du Pérou, dans l'espérance de mettre en pratique les leçons que j'avais puisées dans l'étude de l'histoire. Ce projet, qui ne me flattait qu'à un point de vue éloigné, m'offrait bien des difficultés à vaincre, mais elles ne me rebutaient point ; je concertais toutes mes mesures avec assez de justesse pour en espérer quelque succès. Un des premiers obstacles à vaincre était ma naissance, car on ne confie les emplois importants qu'à des Espagnols indigènes.

J'affectais un attachement et une admiration sincères pour cette nation ; je parlais parfaitement leur langue et j'adoptais leurs usages. Mon goût pour l'Espagnol parut si naturel que la plaisanterie était de m'appeler « le véritable Espagnol. »

Je flattais l'orgueil des grands pairs par des respects qui leur
étaient d'autant plus agréables que la familiarité française commençait à en faire oublier l'usage. Et un attachement soutenu
aux lois, aux usages, aux préjugés du pays, me gagnait les
autres. Il y avait cinq ou six ans que je vivais dans ces espérance ou plutôt dans ces désirs de carrière, lorsque la guerre se
déclara entre l'Espagne et l'Angleterre : je fus employé au
siège de Gibraltar, ce qui donna plus de carrière à mes
projets.

La patience du Cardinal de Fleury et la fermeté du ministère
britannique ayant rétabli le calme en Europe, je songeais à
frapper le grand coup, c'est-à-dire à demander la vice-royauté
du Mexique, qui venait de vaquer. La proposition surprit sans
paraître extraordinaire, car on me regardait depuis longtemps
comme un zélé Castillan.

Patinho et son frère Castelar, qui se trouvaient à la tête des
affaires ne s'eloignèrent point trop de mes vues.

Le premier avait les Indes dans son département ; il pouvait
donc beaucoup influer sur le choix des vice-rois et des gouver-
neurs que l'Espagne envoyait dans ces belles régions. Les
choses en étaient là, et mes espérances paraissaient devenir
chaque jour plus solides, lorsque je vis arriver à la Cour un
prêtre Corse chargé d'une commission secrète et que je n'eus
pas de peine à pénétrer. Ce prêtre se nommait Orticoni ; il
était Corse de nation. Ses compatriotes venaient de se soulever
contre les Génois leurs maîtres et leurs tyrans ; ils cherchaient
de tous côtés des protecteurs et des vengeurs de leurs droits
et de leurs priviléges anéantis par la barbarie la plus suivie.

Ils s'étaient d'abord adressés aux ministres de l'Empereur
en Italie; mais le vice-roi de Naples n'avait écouté leurs plaintes qu'en les menaçant. Le ministère français, occupé des arrangements intérieurs et du rétablissement de l'ordre dans les
finances, ne portait que des regards indifférents sur les objets
étrangers.

Le Cardinal Fleury gouvernait les affaires de ce puissant
Etat avec l'esprit et les vues qui conviennent à la gestion des
biens d'un particulier.

Il craignait d'engager la médiation du roi son maître dès que ce pouvait être une occasion de dépense : avare des trésors de la France, il aimait mieux sacrifier un peu de sa considération aux soins de les conserver. Il n'y avait donc que l'Espagne sur qui les Corses opprimés pouvaient lever les yeux; ce fut aussi à elle qu'ils s'adressèrent, et ce fut l'abbé Orticoni qui reçut pleins pouvoirs pour traiter. Il ne fut pas difficile de me lier avec ce député, dans un pays qu'il ne connaissait pas. Il comptait tirer des éclaircissements que je pouvais lui donner des lumières pour sa conduite. Quelques conversations que j'eus avec lui changèrent absolument ses vues.

Je me changeai volontiers de présenter Orticoni à Patinho, après l'avoir prévenu sur l'objet de la mission du prêtre Corse. J'amenai l'abbé Orticoni à ce ministre. Il lui exposa en homme d'esprit le sujet de sa commission, déplora pathétiquement les malheurs de sa patrie, et il finit par demander la protection du roy catholique, ajoutant que la religion, l'honneur, l'amour des lois, de l'humanité, d'accord avec la politique, joignaient leurs voix à celle de la Corse opprimée pour obtenir du plus généreux monarque du monde qu'il reçût des peuples malheureux au rang de ses sujets.

Patinho lui promit de faire valoir des motifs si touchants au roy d'Espagne ; qu'il pouvait compter que ce prince ferait ce qui lui serait possible pour adoucir les maux de son pays, qu'il ne négligerait pour cela aucun des moyens que pourraient lui suggérer sa religion et sa prudence, mais qu'une négociation de cette sorte devait être ensevelie dans le plus profond secret. Il ajouta qu'il le verrait rarement, et qu'il lui ferait passer par moi ce qu'il aurait à lui apprendre. Ces assurances étaient trop générales pour contenter le député de Corse, d'autant plus qu'il s'était flatté que l'Espagne recevrait ses offres avec joie et sans modifications.

Les idées de sa politique ne se conciliant pas avec les vues de la Cour de Madrid, il fut sur le point de se rembarquer. Ce n'était pas tout à fait mon projet ; aussi j'employai tout ce que je pus imaginer d'adresse et d'espérance, pour le retenir.

Je faisais jouer bien des ressorts dans le dessein de déterminer la Cour à se déclarer en faveur des Corses. Je représentais que, puisque l'on prévoyait que l'on serait obligé d'en venir à une rupture avec l'Empereur pour l'établissement de l'Infant Don Carlos en Italie, la situation de la Corse était d'une utilité infinie ; qu'il ne fallait pas laisser cette île à la discrétion du vice-roi de Naples et des Anglais ; que ces derniers, en s'y établissant, détruiraient l'espérance de porter une armée par mer aux lieux où l'on voudrait agir ; que les liaisons que le Roy de Sardaigne prenait avec l'Empereur obligeraient vraisemblablement la Cour de Madrid à faire embarquer les troupes qu'elle destinerait à l'expédition d'Italie ; que, sous prétexte de se rendre médiateur entre le Sénat de Gênes et la Corse, le Roy d'Espagne s'emparerait de toute l'île et qu'il la garderait tant qu'il conviendrait au succès de ses desseins. Ces raisons étaient sans réplique. Patinho en sentait la solidité, et je crois qu'il serait entré dans les vues d'Orticoni sans un événement qui changea de face la négociation.

Après de vains efforts pour soumettre les rebelles c'est ainsi que l'on s'exprimait à Gênes, le Sénat, qui avait eu vent du voyage d'Orticoni à Madrid, s'adressa à l'Empereur et lui demanda de se charger de la pacification de la Corse.

Ce prince, qui était bien aise d'obliger la République et peut-être de la tenir encore plus dans sa dépendance, parut se prêter à cette proposition. On mit la chose en négociations. Le marquis Dominique Spinala signa, au nom de ses maîtres, une convention avec les ministres Impériaux, par laquelle l'Empereur se chargeait de mettre les mécontents sous l'obéissance du Sénat, et d'employer même la force de ses armes pour obliger les insulaires à rentrer dans le devoir.

A peine eut-on appris à Madrid les premières nouvelles du traité signé entre l'Empereur et les Génois, que le ministre espagnol parut refroidi sur la proposition de l'abbé Orticoni. Ce député fut consterné de ce contre-temps ; il sentait que malgré le courage et la résolution des Corses, ils seraient contraints de plier sous le joug.

Il vint un matin me confier ses inquiétudes et chercher avec moi des remèdes aux maux de sa patrie.

J'entrai sincèrement dans ses peines ; mais je convins avec douleur que je ne voyais pour le moment aucune espérance de l'en affranchir :

« Monsieur, me dit-il, le peuple Corse ne vous est pas
» connu ; il pliera sous les armes de l'Empereur, mais il ne
» restera jamais sous la domination des Génois. Au moment
» où les troupes impériales arriveront dans notre île, nous
» nous soumettrons à leur chef et par lui à l'Empereur. Il fera
» publier une amnistie ; les Impériaux resteront dans l'île pour
» affermir la tranquillité ; ils repasseront enfin la mer. Leurs
» dernières troupes ne seront pas encore embarquées, que nous
» reprendrons les armes contre nos tyrans. Notre persévé_
» rance lassera les protecteurs des Génois, et nous périrons
» tous, ou nous nous affranchirons du gouvernement le plus
» dur et le plus tyrannique. »

Orticoni cessa de parler ; il m'observa, et me voyant dans une profonde méditation : — « Les malheurs de ma patrie vous
» touchent, continua-t-il, je suis pénétré de ce sentiment ;
» mais, Monsieur, ne serait-il pas possible de tirer quelque
» chose d'une pitié si généreuse ? »

Il proféra ces dernières paroles d'un air qui me fit croire qu'il lisait dans ma pensée. Je voulus voir si effectivement mes sentiments se rencontraient avec les siens.

« Vous savez, lui répondis-je, avec quelle sincérité je suis porté à vous rendre service ; j'ai contribué autant que j'ai pu au succès de votre mission ; je vois, avec douleur, le peu de fruits de nos démarches. Les circonstances ont changé ; ne vous attendez, dans cette Cour, qu'à une compassion stérile ; étendez même cette pensée sur presque toutes les autres cours. Cherchez des ressources à vos malheurs dans un traité tolérable avec vos maîtres, ou trouvez dans le courage même des Corses, les moyens de vous affranchir du joug rigoureux que vous subissez.

— « C'est où je voulais en venir, interrompit-il avec vivacité —
» je crois qu'il ne nous reste que ce conseil à suivre, — mais
» Monsieur, vous nous le donnez avec trop de générosité pour
» nous abandonner dans l'exécution. »

— Que voulez-vous me dire ? lui répliquai-je, et quelle apparence que le roy consente à une pareille proposition ? je suis à son service, il ne peut pas vous secourir. Souffrira-t-il qu'un officier général de ses troupes hasarde une démarche comme celle que vous me faites envisager ?

— « C'est une qualité, me dit Orticoni, dont il faudrait
» vous dépouiller pour recevoir d'un peuple libre un titre plus
» glorieux. Oui, Monsieur, la Corse vous parle par ma bouche ;
» vous avez paru sensible à ses malheurs, écoutez la voix qui
» vous presse de l'en délivrer. Je sais ce que vous valez ; vos
» talents pour la guerre sont connus en Europe, vos qualités
» personnelles m'ont frappé. Je suis le dépositaire des vo-
» lontés de mes compatriotes ; régnez sur eux et sur moi,
» affranchissez-nous d'un joug rigoureux. Entreprenez pour
» des peuples opprimés ce que les rois de l'Europe nous refu-
» sent ; défendez nos droits que nous réunissons sur votre tête ;
» vous vous rendrez égal à eux. »

Je fus frappé de ce discours, à tel point que je demeurai quelque temps sans répondre. Je ramassai tout ce que je pus trouver de raisons pour combattre celles qu'Orticoni venait d'émettre. Je n'eus garde de le convaincre ; je lui demandai huit jours pour y penser.

Il parut m'accorder ce délai avec peine : je ne le pressai point pour me consulter. J'étais résolu d'accepter l'offre qu'il me faisait d'une couronne ; mais en paraissant délibérer, je voulais avoir à ses yeux le mérite de la modération, modération qui devait me servir auprès de ses compatriotes.

Je passai ces huit jours dans des réflexions convenables à la nouvelle scène sur laquelle j'allais entrer : j'ai ai eu peu de si flatteuses en ma vie. Le matin des huit jours expirés, Orticoni entra chez moi. Je crus démêler dans ses yeux toute l'impatience que je lui supposais de savoir ma détermination.

— « Eh bien ! me dit-il, parlé-je à mon Roy ? » Je suis plus embarrassé que vous ne sauriez croire, lui répondis-je ; ne pensez pas que je veuille me faire presser à jouer le rôle d'Abdolomines ; mais si j'accepte les offres que vous me faites, je veux absolument que ce ne soit que pour le bien de la Corse, et la circonstance n'est pas favorable à ce dessein. Comment soutenir les titres que vous me donnez et la légitimité de vos droits contre les forces de l'Empereur ? Cela est impossible ; une pareille démarche augmenterait les inconvénients de votre situation et m'exposerait à jouer un rôle ridicule, deux choses que je veux également éviter.

J'eus bien de la peine à faire entrer Orticoni dans la solidité de mes raisons. Après bien des discussions qu'il est inutile de rapporter, je lui donnai ma parole que je sacrifierais tout pour le salut de la Corse, lorsque je verrais quelque moyen de pouvoir le faire avec succès. Depuis ce temps, il ne suivit sa négociation avec les ministres espagnols que pour ne rien donner à deviner de ses nouveaux projets.

Patinho ne tarda pas à lui déclarer qu'il n'était plus possible au roy de se mêler de l'affaire qui le retenait à Madrid, étant donné la publicité des engagements où l'Empereur venait d'entrer ; mais que Sa Majesté catholique, qui désirait sincèrement donner aux Corses des preuves de sa protection, ferait écrire au Sénat de Gênes et écrirait elle-même à l'Empereur, pour obtenir un traitement favorable ; que sa présence était désormais inutile à Madrid, et il était hors de propos qu'il y prolongeât son séjour. On ajouta une somme d'argent à cette déclaration, en lui fixant son départ pour Barcelone, d'où le roy se chargea encore de le faire transporter en Corse.

Il partit après être resté plus de deux ans à Madrid ; peu de temps après son retour dans sa patrie, les troupes impériales y débarquèrent. Le prince Louis de Wurtemberg, qui les commandait, ne trouva pas une grande résistance dans ces peuples et leurs chefs, préparés par Orticoni à une révolution plus importante. Pendant ce temps, le génie guerrier que le cardinal Albéroni avait ressuscité en Espagne ne s'était point ralenti : on avait équipé une flotte sur laquelle on avait embarqué un gros corps de troupe, et on ne douta plus que cette armée ne dût fondre en Italie pour assurer ou augmenter l'établissement de Don Carlos, qui, au titre de duc de Parme et de Plaisance, joignait l'expectative de la succession du grand duché de Toscane.

Ces raisonnements spécieux furent démentis par l'évènement : la flotte fit voile vers l'Afrique.

Le siège et la prise d'Oran furent les fruits d'un armement qui avait étonné l'Europe.

La pacification de la Corse achevée, la Cour impériale ne s'embarrassa point si elle était établie sur fondements solides et durables, et elle se hâta de rappeler ses troupes. Les Corses reprirent les armes quelques jours après l'évacuation que M. de Wurtemberg fit de l'isle ; le soulèvement fut entier.

On pense bien que je n'étais pas sans impatience d'avoir des nouvelles d'Orticoni. Je ne m'étais pas endormi, de mon côté ; mes mesures étaient prises pour passer en Corse au premier avis que je recevrais. Je m'étais assuré d'un secours assez considérable en argent, armes et de tout ce que je croyais pouvoir m'être utile dans un commencement d'établissement.

Je ne m'étendrai pas davantage sur tout ce qui précéda mon arrivée en Corse. Les évènements qui déterminèrent insensiblement le ministère d'Espagne à entrer dans mes vues sont devenus publics. Ce que je pourrai dire n'ajouterait rien aux notions générales ; du reste, mes aventures particulières jusqu'à mon débarquement en Corse n'offrent rien d'instructif pour le lecteur ; je ne pourrais en retirer que le mince plaisir de confondre les inventeurs de faussetés, qui se sont érigés en historiens exacts, non seulement de mes actions, mais encore de mes plus secrètes pensées.

Je supprime donc le détail de tout ce que je fus obligé de faire pour déterminer Patinho à entrer dans les vues d'Orticoni et à soutenir mes espérances. Il m'en parut d'abord assez éloigné, et si je l'y ramenai insensiblement, je ne dois cet avantage qu'aux circonstances et nullement aux ressorts de ma politique. On se rappellera que ce fut à peu près à cette époque qu'un traité, suivi d'une invasion aussi subite qu'imprévue, enleva à l'Empereur les Etats qu'il possédait en Italie. Tout le monde sait les raisons ou le prétexte de cette guerre.

Le roy de Sardaigne ne s'y était engagé que dans l'espérance d'accroître ses domaines aux dépens du Milanais. Il est inutile de parler des principes qui avaient obligé l'Espagne d'entrer dans la ligue.

La France, ou plutôt le cardinal de Fleury, ne s'était déterminé à la guerre que pour se prêter à la nécessité de ménager les inquiétudes et l'ambition de la monarchie espagnole.

Aussi le cardinal de Fleury ne regarda les premiers succès qui suivirent la rupture que comme un acheminement à la paix. Presque dès les premiers moments il négociait sourdement en Angleterre pour inspirer quelque confiance en sa droiture et en sa modération, se flattant que ces sentiments, une fois établis à Londres, persuaderaient l'Empereur et le rapprocheraient d'une paix qu'il désirait sincèrement.

Ainsi. pour dérober à la Cour d'Espagne, où il ne croyait pas trouver un désir assez vif pour la pacification générale, la connaissance de ses intrigues, il refusait avec éclat l'offre de la médiation des puissances maritimes ; mais il faisait secrètement des propositions à la Cour de Vienne.

Les avis d'une conduite si dissimulée vinrent à la Cour d'Espagne par M. de Chauvelin, garde des sceaux de France. Il crut, sans doute, que la grandeur du roy son maître, et l'intérêt particulier des deux branches de la maison de Bourbon, autoriseraient une démarche que le Cardinal regarda, et fit punir comme une infidélité.

En effet, si des conseils plus fermes eussent été suivis, on aurait pu joindre la Lorraine à la France et arracher des mains de l'Empereur une partie des Etats dont les traités d'Utrecht et de Rastadt l'avaient mis en possession.

Je ne m'étendrai pas davantage sur la situation générale de l'Europe dans le rapport qu'elle pourrait avoir à ma situation particulière. Je me contenterai de dire que ma traversée d'Espagne en Corse fut assez heureuse. Je touchai à Tripoli, où je commençais à me croire véritablement roi de Corse. Une légère obligation que m'avait le dey me mit à portée de briser les chaînes de quelques malheureux que je ramenai dans leur patrie.

Je débarquai, après les signaux faits et rendus, sur la plage d'Aléria. Les députés du peuple s'y trouvaient pour me recevoir, et je vins coucher à Cervione. J'avais fait imprimer un manifeste que je fis publier : les captifs délivrés de Tripoli en furent chargés.

Ce manifeste produisit un effet merveilleux. Je me rendis à Corte, aux acclamations de tout le peuple ; nous y tînmes les Etats-Généraux, par lesquels mon élection fut confirmée, la guerre résolue et la date de mon couronnement déterminée.

Je fis des préparatifs pour pousser les opérations militaires avec vigueur, afin de me présenter au peuple, qui devait assister à la cérémonie de mon couronnement, revêtu de l'éclat de quelques actions brillantes.

Je marchai donc avec un gros corps de mes nouveaux sujets pour attaquer un poste que les Génois tenaient près de Corte ; le poste fut battu et peu de jours après je m'emparai de Porto-Vecchio et de Sartène. Ces succès me servirent beaucoup dans l'opinion des Corses.

Enfin, après avoir donné aux paysans qui s'étaient rendus auprès de moi une forme militaire, telle qu'on peut penser, je choisis une garde et je partis pour la Pieve d'Alésani, où l'on avait assuré le lieu de mon couronnement. La cérémonie se fit avec le plus de pompe qu'il fut possible pour des peuples grossiers et pauvres. Je prêtai serment de conserver les droits et les privilèges dans lesquels la nation venait de se rétablir, qui, de son côté, s'engagea envers moi et ma postérité à une obéissance et une fidélité inviolables.

Je nommai le même jour aux charges de l'Etat, et la Corse prit enfin une forme régulière de monarchie. L'acte de mon élection et le procès-verbal de l'assemblée, qui se conservent encore en original, sont conformes aux dépêches que j'avais reçues à Madrid peu de temps après le retour d'Orticoni dans cette île. C'est sur de pareilles pièces et sur ce qu'il me manda des dispositions et des souffrances de ses compatriotes que je quittai l'Espagne pour me rendre en Corse.

Je crois qu'il convient d'exposer, en peu de mots, l'état où se trouvait mon royaume, lorsque je pris les rênes du gouvernement :

Quoique cette île n'ait jamais fait une figure bien considérable, elle a dans certaines circonstances touché de près aux affaires générales. L'opinion la plus reçue sur l'origine de ses habitants est celle qui prétend que, pendant la seconde guerre contre les Romains, les Carthaginois la peuplèrent pour se fortifier contre leur puissance qui venait les attaquer en Sardaigne. Depuis on sait que la Corse était une île fameuse dans le cours des proscriptions et que son climat était redouté. Je ne sais sur quel fondement les Romains auraient établi cette appréhension, puisqu'il est certain que l'air est pur en cette contrée, à l'exception de quelques parties où l'on trouve des marais. Les Sarrazins, après la conquête de l'Espagne, firent une invasion en Corse et, plus tard, les Colonna, les Savelli et plusieurs autres seigneurs italiens, armèrent à leurs frais, firent une descente dans l'île, et après bien des combats, ils y établirent leur domination. Les uns prêtèrent hommage aux papes, les autres, appuyés de la puissance des Génois, reconnurent la souveraineté de cette République.

Les guerres des Guelfes et des Gibelins partageaient l'Italie. Les papes, attentifs à abaisser la puissance des Empereurs de la maison de Souabe, négligèrent les intérêts des vassaux romains établis en Corse ; de sorte que les Génois se virent paisibles possesseurs de cette île. Henri II, roy de France, ne négligea pas ses vues sur l'Italie ; il sentit que la puissance de Charles-Quint y était trop bien établie pour entreprendre de chasser ce prince des Etats qu'il y possédait. Il se contenta de soutenir la conquête du Piémont, où le maréchal de Brissac balançait les efforts de la maison d'Autriche.

La perte de Turin et les espérances de rallumer la guerre en Toscane engagèrent Henri II à faire des réflexions sur la Corse ; la position de cette île était avantageuse à ses projets, puisqu'il n'y a qu'un court trajet de Marseille en Corse.

Les Espagnols y avaient aussi songé ; attentifs aux démarches de la France, appuyés du crédit des Génois, ils avaient un parti considérable dans l'île. Sampiéro de Bastelica, surnommé Corso, fameux dans l'histoire de M. de Thou, était chef de ceux qui dans ce temps se plaignaient de la République de Gênes ; il s'étaya de la puissance d'Henry II, qui envoya dans cette île le marquis de Thermes, pour y soutenir le crédit de sa couronne (1).

Plusieurs familles nobles établies en Corse, telles que les Colonna et les Savelli, avaient favorisé le parti de la France. Les Génois s'en vengèrent en supprimant leurs privilèges. Ils ne se bornèrent point à ce premier essai de leur autorité, mais ils firent périr par le fer ou par le poison plus de 2000 indigènes, enfin ils remplirent la Corse d'horreur. Depuis ce temps, la politique républicaine a tendu à l'extinction de la noblesse, elle a confondu les conditions, empêché l'accroissement des richesses, interdit le commerce, et renfermé ces malheureux insulaires dans le district de leur île. Nulle distinction, plus d'admission dans les charges, aucun collège pour l'éducation de la jeunesse. On ne trouvera donc pas extraordinaire, après cet exposé, qu'une nation réduite par ces dures extrémités à ne pas connaître l'humanité se soit livrée au désespoir, aux passions, et surtout à la vengeance.

Nés pour l'indépendance, instruits par une vie dure et frugale à mépriser des vertus que les nations policées cultivent avec soin, les Corses se sont pour ainsi dire prostitués au crime et à l'assassinat. Le vice de l'éducation y a contribué. Tout Corse qui ne venge point son injure, ou celle de ses proches par la mort de son ennemi, est regardé comme un enfant sans cœur. Ils sont peut-être, en ce point, moins coupables que leurs maîtres, car les ministres de la République vendaient l'impunité des crimes ; on pouvait marchander avec eux le sang de son ennemi.

Est-il étonnant, après des faits si constamment avérés, que l'on ait vu en Corse jusqu'à 27.000 assassinats dans l'intervalle de 15 années. On ne saurait s'en rapporter aux Génois, sur les idées que l'on doit avoir des Corses. Quand il est question de caractériser une nation entière, il faut être circonspect

---

(1) Les Espagnols alliés des Génois furent battus sur tous les points ; Orsini Jourdan fut nommé vice-roi ; la Corse enfin semblait pour toujours rattachée à la monarchie française, lorsque le traité de Catcau-Cambrésis (1559) la rendit à Gènes.

sur les louanges et sur le blâme. Ces peuples sont nés avec de l'esprit, ils ont de la sagacité ; ils sont vifs à concevoir, prompts à se résoudre, impatients dans les événements, et doués d'une espèce de logique naturelle. Grands discoureurs dès qu'il s'agit de leurs intérêts, liants, souples, pressants, en un mot ils possèdent tout l'assemblage que le sophisme naturel peut produire dans les esprits.

Ils ont de la générosité ; le droit d'hospitalité est observé parmi eux ; on y voit peu de pauvres, quoiqu'il y ait peu de riches ; on y voit encore moins de nécessiteux. La simplicité de ce peuple prouve sa bonne foi dans ses passions. Il n'y a rien de moins aimable et de plus affreux que les femmes de ce pays. A l'égard du courage des Corses, on s'en était formé en Europe une idée bien différente de la vérité. On les représentait communément comme des scélérats qui ne craignaient ni le fer, ni le feu ; c'était outrer la matière et grossir injustement leurs vices. Je ne les crois pas braves naturellement, quoiqu'ils ne manquent pas d'une certaine valeur.

Ils connaissent bien les postes dans les montagnes ; la nature leur a appris à se saisir de ceux qui sont les plus avantageux ; mais ils les défendent mal, ils les attaquent plus faiblement encore. Cependant, malgré le peu d'ordre, le peu d'obéissance et le manque de chefs entendus, la guerre contre ces peuples avait toujours été fâcheuse.

A la faveur des difficultés de leurs montagnes, dont ils connaissent très bien les accès, ils peuvent insulter les corps d'armée les plus considérables ; attentifs aux mouvements, ils se portent en plus grand nombre lorsqu'une troupe se retire devant eux, et c'est dans une retraite qu'il faut user de plus de précaution.

La République de Gênes, purement aristocratique, était gouvernée par 500 familles qui se partageaient les charges. Gênes tyrannisait les Corses, ses magistrats vendaient publiquement la justice, leurs déprédations et leur corruption ont rebuté ces peuples contre un gouvernement si monstrueux. Tous les tribunaux fermés aux cris de l'innocence opprimée, du désir de justice le plus complet, les a déterminés à secouer un joug si barbare.

La République avait peu de troupes dans l'île, les places étaient mal fortifiées, les arsenaux plus mal munis encore et la discipline du corps militaire répondait au désordre du corps civil de l'Etat. Est-il étonnant, après cela, qu'ils aient successivement employé la protection de l'Empereur et celle du roy de France ?

Quelque temps après la cérémonie de mon couronnement, je reçus des lettres des principaux chefs de la partie de l'île qui est de l'autre côté des monts. Elles contenaient les assurances des sentiments que j'avais vu briller partout.

J'ordonnai une levée de 8 régiments, que je fixai chacun à 1,000 hommes ; je nommai les colonels parmi les Corses les plus estimés de leurs compatriotes ; je résolus de commencer sérieusement la guerre contre les Gênois ; je passai les montagnes, je m'avançai jusque près d'Ayazzo ; je trouvai partout les peuples empressés à me recevoir, et sur la demande que les principaux chefs m'en firent, je laissai à Xicavo, mon neveu, le baron de Drost, avec la qualité de lieutenant-général pour maintenir cette partie de l'île dans l'obéissance.

A peine fus-je de retour à Corte que je tins plusieurs conseils sur la situation des affaires ; je proposai le siège de Bastia, mais on se détermina auparavant à chasser de tout le plat pays les Gênois qui y pullulaient. Mon arrivée en Corse et mes premiers succès étaient la matière de l'entretien de toute l'Europe. Les engagements que l'on supposa que j'avais pris tantôt avec une cour, tantôt avec une autre, furent l'objet de conjectures nombreuses et variées.

Mais les raisonnements étaient bien différents à Gênes, où la situation intérieure ne tranquillisait pas le Sénat. Mes succès en Corse et les liaisons qu'ils me supposaient avoir contractées, leur faisaient craindre que je ne fusse assez établi pour rejeter la guerre dans leur Etat de terre ferme.

Dans cette situation embarrassante, ils eurent la lâche politique de mettre ma tête à prix.

Ils firent publier un cartel insolent qui cherchait, l'argent à

la main, un misérable assassin qu'ils revêtirent du noble titre de
« vengeur de leurs droits. » Je m'étais attendu à cette indignité;
j'en reçus les premiers avis avec une copie de la pièce que je
fis publier dans toutes les pièves.

Je mangeais en public avec tous les généraux de mes troupes ;
j'affectais une sûreté entière ; je détachais même ma garde
pour une expédition de quelques jours, et ces témoignages
de ma confiance firent un effet merveilleux sur l'esprit de mes
sujets.

Ce projet n'ayant pas réussi, ils tentèrent d'autres moyens
qui n'eurent pas un meilleur succès. Un certain Marini ayant
entrepris de m'assassiner, son projet fut découvert et on l'ar-
rêta comme il voulait se sauver.

Je fus forcé de lui donner des juges ; il fut comdamné au
supplice des attentats de cette sorte, et j'eus toutes les peines
du monde à le faire jouir de la grâce, que je lui accordai, et à
laquelle je joignis une somme d'argent. Il fallut recourir à une
guerre plus noble.

Le Sénat de Gênes s'y détermina sans renoncer aux espérances d'en finir selon ses projets, si l'occasion s'en présentait.
Je poussai, de mon côté, les opérations avec assez de vigueur,
et, mêlant les fonctions de Roy à celles de général, je réformai,
chemin faisant, le plus d'abus qu'il m'était possible, affectant
de ne point toucher à ceux auxquels les Corses étaient le plus
attachés. Il était prudent d'attendre des circonstances paisibles
pour heurter de front les préjugés que je voulais déraciner. A
la fin de l'année 1736, il ne restait plus aux Gênois, de toute
l'île, que Bastia, la capitale, que je tenais étroitement bloquée,
Calvi et Ayzzo, et ils ne pouvaient communiquer d'une place à
l'autre que par la mer.

L'hiver se passa tout entier à discipliner les troupes ; le baron de Drost m'y aida merveilleusement. Elles prirent en peu
de temps un air guerrier. Je me préparai un train de siège tel
qu'il me fût possible.

Je reçus quelques secours d'armes et d'argent par la voie de
Barcelone ; mais je perdis en ce temps-là le fondement le plus
solide de mes espérances par la mort de Patinho.

Le chanoine Orticoni fut pénétré de cette nouvelle.

Nous convînmes ensemble qu'il ne fallait pas témoigner à quel point elle nous intéressait, de peur de refroidir l'imagination et la bonne volonté des peuples.

Au milieu de nos occupations guerrières et de mes détails de police, je n'avais pas fermé les yeux sur les objets étrangers. J'envoyai l'abbé Orticoni à Rome, avec d'amples instructions pour me ménager des ressources. Le cardinal Acquaviva entra avec ardeur dans mes intérêts ; j'en étais heureux, car il était assez puissant dans l'Etat ecclésiastique pour me ménager quelque traité avec le Pape.

Je lui écrivis ; mais sur les difficultés qu'il fit à Orticoni de m'écrire comme à un souverain, Orticoni ne lui remit pas ma lettre ; il n'en fut pas de même de celle que j'avais écrite au Pape. Cette Eminence se chargea de la faire arriver à bon port et pour obliger le Pape à s'expliquer, après lui avoir parlé, avec chaleur, de ce qui me regardait, il fit un voyage à Terracine, sous prétexte d'y voir la duchesse, sa belle-sœur, mais réellement pour avoir une occasion d'écrire à Sa Sainteté, lui envoyer ma lettre et en recevoir une réponse. Je joins à ce que je mandais au Saint-Père ce que le Souverain-Pontife écrivait, de sa propre main au cardinal Acquaviva.

« A Corte, le 1ᵉʳ octobre 1736.

» Très Saint-Père,

» Les malheurs du peuple Corse sont connus de Votre Sainteté, qui a employé si généreusement ses exhortations paternelles pour adoucir le joug que des maîtres durs et implacables lui faisaient porter ; mais, au mépris du respect qu'ils doivent à votre nom sacré, pour la honte même de l'humanité, ils ont précipité ce peuple dans un abîme de maux, et ils ne lui ont laissé entrevoir la fin de ses misères que dans son extinction ou dans son désespoir. Votre Sainteté connaît les titres auxquels la République de Gênes possédait la souveraineté de l'île Corse ; jamais il n'en exista de moins compatibles avec la tyrannie.

» Libre dans son origine, déchirée intérieurement par les factions des Maisons puissantes qui l'avaient arrachée des mains des Sarrazins, la Corse ne s'est soumise, que dis-je ? ne s'est associée à la République de Gênes que sous la réserve de ses privilèges. Mais, après quelques années de paix et de douceur, l'esprit de domination s'empara des Gênois ; ils voulurent traiter en maîtres des peuples qui n'étaient entrés dans une sorte de confédération avec eux que pour n'en point avoir. La Corse réclama ses droits ; mais sa confiance en la justice fut traitée de criminel attentat. Henri II, roi de France, accommoda ce différend par le traité de Cateau-Cambrésis, l'île fut encore pacifiée. Quelle paix ! Très Saint-Père ! Les avantages qu'elle devait procurer aux Corses en particulier ont été noyés dans un déluge de sang : c'est l'époque de la ruine de cette nation malheureuse.

» Cependant sa patience a égalé son infortune : que n'a-t-elle pas eu à souffrir pendant plus de 180 ans ! Tout ce que la barbarie peut inventer de moyens pour exterminer les peuples est entré dans la politique Génoise. Le fer, le feu, le poison ont tour à tour ravagé cette triste contrée. La peinture des maux de cette île est trop affreuse pour l'exposer aux yeux de Votre Sainteté. Permettez-lui, Très Saint-Père, de porter à vos pieds ses plaintes et ses misères ; ses droits sont certains ; le Saint-Siège en a jadis reconnu la légitimité.

» Le premier usage que ces peuples ont fait de leur liberté, c'est de m'appeler rpour les gouverner. Je n'ai point balancé pour voler à leur secours, et si l'évènement répond à mon attente, je mettrai tous mes soins à faire fleurir la religion, à augmenter le respect dû à l'Eglise et à son unique et suprême chef. Qu'il vous plaise donc, ô Très Saint-Père, de considérer la certitude de nos droits et combien l'usage que nous en allons faire nous a coûté de sang ! Daignez approuver notre résolution et nous recevoir, moi et mon peuple, sous la protection toute-puissante du successeur de Saint-Pierre et du vicaire de notre Dieu.

» Le vénérable chanoine Orticoni, notre ministre à Rome, aura l'honneur d'expliquer à Votre Sainteté, les vœux de toute cette nation et les sentiments particuliers de respect que j'ai pour votre personne sacrée,

Très Saint Père
de votre Sainteté,
Le très humble fils,
Théodore, Roy.

Telle était la lettre que le cardinal Acquaviva fit tenir à Clément XII, sur laquelle le Pontife s'expliqua ainsi :

A Rome, le 5 novembre 1736.

« J'ai lu avec attention la grande dépêche que vous m'avez adressée de Terracine. La lettre qui y était jointe me donne bonne opinion des bruits qui courent sur le nouveau Roy de Corse ; en pensant plus favorablement de lui, je dois donner plus de créance à ce qu'on en dit en bien dans le monde ; mais vous sentez qu'il ne m'est pas possible de prendre avec lui des engagements publics, ni même des liaisons qu'on puisse pénétrer.

» Je ne verrai donc pas son envoyé, dont je veux ignorer le séjour à Rome. Je ne puis cependant pas vous cacher que ses succès ne me feront aucun déplaisir ; c'est un sentiment dont je ne ferai pas confidence au Cardinal Doria. Si les événements lui sont favorables, je parle de Théodore, et que je puisse traiter avec lui sans compromettre l'honneur de la pourpre, je le ferai avec plaisir ; je ne sais pas si on le soutiendra de Madrid, cela devrait être. Je ferai dire au clergé de Corse, de se conduire convenablement au bien de sa patrie, ce qui peut s'interpréter favorablement et à Gênes et en Corse.

» J'oubliais de vous dire que le Cardinal Albéroni connaît le roi de Corse et qu'il en fait cas. »

C'est ainsi que Clément XII s'expliquait sur la Révolution à laquelle je dois la couronne. J'étais assuré de trouver dans presque toute l'Europe les mêmes sentiments, et dans beaucoup d'endroits une bonne volonté un peu plus échauffée.

Orticoni et Peretti parcouraient l'Italie pour faire des ennemis à la République de Gênes.

Le conseil Anglais établi à Livourne se chargea des propositions que je voulais faire à la Cour de Londres, de sorte que je fus sur le point de signer un traité avec le Pape et avec les Anglais. La singularité de l'événement attirait en Corse un nombre considérable d'étrangers. Nombre de jeunes gens, excités par l'amour de la nouveauté, prirent part à mon service, ce qui renforça mes troupes au point de les rendre assez bonnes et fort supérieures à celles de la République de Gênes.

J'avais eu le temps de connaître dans le détail mes principaux sujets, et comme je n'avais pourvu que provisoirement aux dignités et aux grandes charges que j'avais établies, je confirmai ceux qui me parurent mériter les emplois auxquels je les avais nommés et j'engageai les autres à me prier de recevoir leurs démissions. J'élevai le baron Costa à la dignité de chancelier et de garde des sceaux du royaume. J'ai eu peu d'hommes plus dignes d'un poste pareil. Une connaissance vaste de l'histoire de sa patrie et des intérêts de son pays, un attachement inviolable pour elle, assez de notions des principes du droit romain et de jurisprudence générale de l'Europe, en faisaient un homme capable de briller dans quelque cour, si l'on eût voulu l'employer. J'aurais fort voulu confier à l'archiprêtre d'Aïazzo la direction des affaires intérieures de l'île ; mais il fut reconnu plus avantageux à la cause publique de le laisser sous le déguisement d'un feint attachement aux Gênois. Ils s'acquitta de sa commission avec tant de prudence et de dextérité, que sans donner jamais le moindre ombrage à un gouverneur soupçonneux, il ne nous laissa rien ignorer de tout ce qui pouvait tourner à notre profit.

Mes dispositions étant prises pour reprendre la suite de mes opérations de guerre, j'indiquai le rendez-vous de l'armée au village de Corbara ; de là j'étais également à portée d'assiéger Bastia ou de marcher sur Calvi.

Je crus qu'il convenait auparavant d'encourager les Corses par un honneur auquel un préjugé général attache un si grand prix en Europe. Je fondai donc un ordre de chevalerie pour être le prix de la valeur et des services importants de toute espèce rendus à l'Etat. Des droits et des privilèges étaient tout ce que je pouvais joindre à cette marque de distinction ; elle réussit très bien.

Je distribuai 300 croix attachées à de grands cordons bleus, aux principaux officiers de mes troupes et aux chefs les plus accrédités parmi le peuple. C'était une chose bizarre à voir, que quelques-uns de ces nouveaux chevaliers avec leurs habits de laine brune et grossière porter cet ornement avec autant de gravité et de complaisance que le courtisan le plus vain de Versailles ou de Saint-James.

L'ordre était sous la protection de la Vierge et sous le titre de St-Martin : la cérémonie se fit en Corse avec beaucoup d'apparat ; elle augmenta l'étonnement et l'admiration des Corses, et je remarquai avec joie combien il est aisé de tourner l'esprit des peuples suivant les vues du chef.

Je joignis l'armée à Corbara dans le milieu du mois d'avril 1737. J'y fus reçu avec des applaudissements incroyables. La nouvelle décoration qui embellissait ma cour parut la chose du monde la plus brillante. Je ne tardai pas à entrer en action, et à cet effet, les généraux de la Balagne me rejoignirent avec leurs troupes.

Je poussai une tête à St-Florent pour faire croire aux curieux que je voulais investir Bastia, tandis que je songeais très sérieusement au siège de Calvi. Dans la situation des affaires, ce siège n'était pas une petite entreprise ; la place n'était pas d'une grande résistance, mais elle était très forte pour le peu de moyens que j'avais d'en faire le siège. Mes troupes n'avaient nulle idée de ce genre de guerre ; mon train d'artillerie ne consistait qu'en quelques pièces de campagne, et quand j'aurais eu de gros canons l'impossibilité de les transporter par terre devant la place me les aurait rendus inutiles ; les galères de la République ne me permettaient pas de les faire conduire par mer.

Mais ces difficultés, quelque grandes qu'elles fussent en elles-mêmes, me frappaient moins que les raisons qui me donnaient des espérances. En effet, les Corses s'étaient portés avec beaucoup de résolution aux différentes entreprises où je les avais conduits. Je connaissais la mollesse et la lâcheté des troupes de la République, et surtout l'ignorance profonde des détails de la guerre, la crainte puérile des moindres dangers qui font le caractère de la noblesse génoise. Ils avaient encore la direction des armées et le commandement militaire de toutes les places ; mais je me flattais de les presser assez vivement pour les amener à faire quelque fausse démarche dont je me proposais de bien en profiter. Après avoir pris des précautions pour la sûreté des convois et pour empêcher les ennemis de troubler mes opérations, ce qui me prit une partie du mois de juin, je détachai le colonel Paoli avec l'avant-garde de l'armée pour venir prendre poste à l'Agayola, et je m'avançai avec le reste de mes troupes à Belgodère. J'y séjournai quelques jours pour y apprendre des nouvelles du détachement génois sorti de Bastia, qui fut battu et obligé de rentrer dans la capitale. L'action se passa à Barbaggio, et ce fut le général de Nebbia qui fit cette expédition.

De Belgodère, je me portai à l'Algayola, d'où je partis le surlendemain pour venir reconnaître la place de Calvi. Je me décidai à camper sur les hauteurs qui la bordent, hors de portée de la mer, pour ne pas exposer mes troupes au feu des galères qui ne manqueraient pas de venir aux premières nouvelles du siège.

Enfin, après les préparatifs nécessaires à l'armature de la tranchée, je fis sommer le gouverneur de me remettre la place, et il me répondit avec plus d'insolence que de fermeté. Je méprisai ses menaces et ne fis pas grand cas de l'assurance qu'il donna de m'ensevelir sous les ruines de sa place. La tranchée fut ouverte du 15 au 16 juillet. Cette lenteur surprit ceux qui ne connaissaient point les difficultés que j'avais à essuyer de la paresse naturelle des Corses, de leur profonde ignorance dans la guerre de siège.

A la gauche de la tranchée, il y avait un terrain creux qui ne pouvait point être vu de la place. Je résolus de m'en servir pour dresser une embuscade au gouverneur, dans laquelle il donna. Pendant tout le temps que je restai devant Calvi, il n'eut d'attention qu'à la conservation de sa personne. Si j'avais eu 500 soldats français ou allemands, j'aurais immanquablement obligé ce fier gouverneur à capituler. J'affectai donc de ne garnir que très faiblement ma tranchée ; je renvoyai un prisonnier, auquel je fis, sans affectation, traverser toute l'attaque. Je ne doutai pas que, sur son rapport, il ne crût facilement renverser et combler notre parallèle ; et quelques mouvements que je vis dans la place me firent juger que ma conjecture pourrait être bien fondée. Je donnai mes ordres à l'officier qui commandait, cette nuit, la tranchée de ne faire qu'un feu médiocre au moment où il apercevrait une sortie et d'abandonner la parallèle après une légère résistance. Je choisis quelques hommes dans les Corses, et j'y joignis tout ce que j'avais d'étrangers au nombre d'à peu près 80. La nuit venue, je les postai dans le creux dont j'ai parlé ; j'y passai la nuit avec eux et l'officier de tranchée.

Je fus fort alerte pendant l'obscurité. A la pointe du jour, je vis la barrière du chemin couvert s'ouvrir et à peu près 300 hommes marcher, la baïonnette au bout du fusil, à notre parallèle. Je les laissai déborder le terrain où nous étions, et lorsqu'ils me parurent ne plus pouvoir retourner avant d'être joints, je sortis brusquement à la tête de mes gens et je marchai sur leurs pas avec une telle vivacité que nous les eûmes abordés en très peu de temps. On nous tira du château sans nous causer une grande perte. La sortie fut si fort intimidée de nous voir sur ses talons, que la tête tourna à celui qui la commandait. Nous en expédiâmes plus de 60 en moins de rien ; enfin, il s'en sauva très peu dans le château ; nous les poursuivîmes jusque sur la contrescarpe et je rentrai dans le camp après une action assez brillante et qui ne me coûta presque rien. Les ennemis eurent plus de 120 hommes de tués et à peu près 30 prisonniers.

Je conçus alors le hardi projet d'escalader Calvi. Je ne doute point du succès qu'aurait eu mon entreprise, si j'avais trouvé assez de résolution dans mes troupes pour me seconder ; mais, quelques bonnes raisons que je pusse alléguer, il ne fut pas en moi de les persuader et j'eus le chagrin de continuer l'attaque par les tranchées. La faiblesse de mon artillerie ne me permettant pas de me flatter d'avoir la place, je comptai m'approcher assez près du rempart pour espérer d'en pouvoir percer une galerie et en faire sauter une partie.

Je n'avais personne qui entendît l'art des mines et j'étais obligé moi-même de diriger toutes les différentes opérations du siège. Je parvins enfin à déloger l'ennemi de la fausse baie qui défendait le pied du rempart, et je commençais à faire mon premier piquet pour attacher tout de suite mes prétendus mariniers à l'ouvrage. Ce fut à peu près dans ce temps que Jean-Baptiste Grimaldi, général des galères de la République, arriva à Calvi et jeta 300 soldats dans la place. Je reconnus alors que je ne la réduirais jamais par les formes ordinaires du siège, et je revins au dessein de l'emporter de vive force.

Le mois d'août se passa sans que nos ouvrages en fussent plus avancés ; cette lenteur et les difficultés de l'entreprise rebutèrent les Corses. Je pénétrai si aisément leur lassitude qu'ils ne se mirent pas même en peine de la dissimuler. Ce fut à cette époque qu'on apprit que la France s'était chargée de la pacification de l'île et qu'on allait y faire passer des troupes pour donner plus de crédit aux négociations. Cette nouvelle fut un coup de foudre. Je remarquai combien elle fit d'impression sur les esprits des Corses, et je prévis dès lors le peu de succès de mes desseins.

Cependant, ne voulant pas abandonner lâchement la partie, je me déterminai à brusquer l'assaut de Calvi avec tous les jeunes gens de bonne volonté de mes troupes, et, dans 5000 Corses que j'avais avec moi, il ne s'en trouva à peu près que 140 qui eurent assez de résolution pour tenter l'aventure ; les etrangers se joignirent à ces braves mousquetaires. Je me mis à la tête de l'avant-garde et nous arrivâmes avec nos échelles jusqu'au pied du rempart sans être découverts. Nous les appuyâmes contre les murailles. Un Français, qui a depuis passé au service du Roy de Prusse et qui se nomme St-Clair, monta le premier ; il trouva une seule sentinelle qui voulut appeler, mais il lui passa son épée au travers du corps ; je montai après lui, le reste nous suivit avec assez de résolution, et la garde ne s'aperçut de notre dessein que lorsqu'on marcha au corps de garde pour la massacrer. Nous fîmes cette expédition avec 400 hommes ; Clair en était chargé. Je restai avec autant pour faire fermer le bastion jusqu'à ce que notre troupe fut montée. C'est une des plus vigoureuses actions que l'on puisse faire à la guerre. Nous restâmes deux heures dans la place et nous en sortîmes par une porte dont nous nous étions emparés. Si les Corses avaient eu assez de décision, de cœur (1) pour nous seconder, il n'est pas douteux que nous eussions été les maîtres de Calvi ; mais ils restèrent paisibles spectateurs du combat, et, comme nous avions perdu assez de monde et que nous fûmes découverts trop tôt, je me déterminai avec un violent dépit à abandonner l'entreprise. Ils me forcèrent deux jours après à lever le siège.

Le reste de cette année se passa en négociations peu importantes, excepté celles que je fis avec une compagnie de marchands hollandais qui envoyèrent en Corse deux vaisseaux chargés d'armes.

Après le siège de Calvi, je convoquai une assemblée de la nation pour prendre parti sur les conditions qui changeaient si désavantageusement le jour des affaires. Les Etats-Généraux se tinrent à Sartène ; on y convint de la grandeur du danger que l'on était près de courir, par suite des intentions que montrait la France d'aider la République à soumettre « les rebelles ». Un traité sur cet objet devait, en effet, être signé quelques mois après, le 12 juillet 1737.

Décidé à tout tenter pour maintenir mes peuples dans l'indépendance, j'instituai un conseil de régence et partis hâter l'arrivée des secours attendus et me procurer des alliances et de nouveaux secours.

Pendant mon absence, le marquis de Boissieux, à la tête d'un corps de troupes françaises, arriva en Corse ; cela se passa en février 1738. Avant d'entrer en action, il entama des négocia-

---

(1) Les Corses, par leur attitude, donnèrent congé à leur roi ; mais Théodore ne voulut pas comprendre.

tions qui durèrent, grâce aux ressorts que je faisais agir, jusqu'après mon retour dans l'île.

Revenu en Corse avec des secours importants (1), je fus de nouveau conduit en triomphe à Cervione; mais je constatai qu'il me serait impossible de me soutenir, car le peuple découragé commençait à m'abandonner. A mon retour en Corse, Boissieux publia un manifeste au nom du Roy très chrétien, dont le contenu m'était fort injurieux. Voici le discours que je fis sur cet évènement :

— J'étais déjà préparé, ainsi que vous, à la nouvelle de voir les Français prendre parti pour Gênes ; mais si vous avez appris, sans surprise, l'arrivée des troupes royales dans cette île, vous n'avez sans doute appris qu'avec indignation l'insolente déclaration de l'homme qui les commande. Si votre courage et votre confiance répondent à ce que vous me devez et aux serments qui vous lient, nous soutiendrons nos droits. La justice est pour nous, la violence qu'on veut nous faire ne servira qu'à faire éclater, dans tout son jour, la noble résolution que nous avons prise de mourir ou d'affranchir cette nation malheureuse de la tyrannie sous laquelle elle gémit depuis longtemps.

Le Roy très chrétien est contre nous, il prend la défense de nos implacables destructeurs ; s'il refuse d'écouter la voix de l'équité qui parle pour nous, s'il persiste dans l'engagement qu'il a pris avec le Sénat de Gênes, il faut par notre exemple faire revivre l'audace et la fermeté qui fermèrent les portes de Rome aux Tarquins, malgré les menaces et les discours de Porsena.

Voici la lettre que j'écrivis à M. de Boissieux :

---

(1) Il avait avec lui trois vaisseaux, dont l'un de 64 canons, l'autre de 60, le troisième de 55, sans compter des chaloupes canonnières et une petite flotille de transports. Ces vaisseaux portaient d'importantes provisions de guerre, 27 pièces de campagne, 7.000 fusils à baïonnette, 1000 gros mousquets, 2.000 pistolets, 24.000 livres de grosse poudre, 100.000 livres de poudre fine, 200.000 livres de plomb, 400.000 pierres à fusils, 2.000 lances, 2.000 grenades.

« A Corte, le 11 octobre 1738.

» M. le marquis de Boissieux, il y a déjà longtemps que je suis informé que le Roy votre maître a pris la résolution de rétablir en Corse, la forme du gouvernement que les peuples ont si heureusement proscrite.

» Quoique le Roy très chrétien ne puisse ignorer les changements arrivés dans cette île, sur laquelle la République de Gênes a perdu tous ses droits, une pareille conduite est si fort opposée aux lois de l'équité et de la modération qui fait le caractère de S. M. T. C., que je n'ai pu me persuader que ce fût l'objet de votre mission. Mais la déclaration que vous avez fait publier ne m'en laisse plus aucun doute.

» La forme inusitée et scandaleuse dans laquelle elle est conçue, ne me permet plus de ne point vous regarder comme un ennemi. Cependant, par une suite des égards qui sont dus au grand monarque que vous représentez, je veux bien vous donner le temps, avant de commencer les hostilités contre vous, de recevoir de nouveaux ordres de votre cour, où je fais porter mes plaintes contre une entreprise aussi contraire à la justice, et des termes dans lesquels vous parlez d'une nation que vous auriez dû ménager un peu plus pour les sentiments de vénération dont elle est pénétrée pour la personne de S. M. T. C., sentiments dont je lui ai moi-même donné l'exemple, mais qui ne changeront pourtant rien à la ferme résolution où elle est de défendre sa liberté et la forme de gouvernement qu'elle s'est donnée contre tous ceux qui, au mépris du droit des gens, entreprendront sur ses privilèges et sur son indépendance. C'est ce que j'ai voulu vous faire savoir, et la présente n'étant pour autre fin, je prie qu'il vous ait, M. le marquis de Boissieux, en sa sainte garde.

» THÉODORE, Roy. »

Cette lettre resta sans réponse. Pignon, agent secret de la cour de France, tentait la fidélité de mes principaux sujets ; ils écoutaient ses insinuations.

Je m'aperçus alors que je perdais mon crédit; il me restait peu de ressources au dehors depuis la mort de Patinho. Un vaisseau hollandais, frèté à mes dépens, fut surpris sur les côtes par un navire français. Cette ressource me manquant encore, je n'en cherchai plus que dans mon courage et dans la fidélité des Corses. Mais je comptais moins sur l'un que sur l'autre ; je crus qu'un coup d'éclat arrèterait la méfiance qui commençait à se manifester. Je fis faire le procès à deux Corses accusés d'avoir des liaisons avec Pignon et les Gênois : ils furent condamnés à mort, et je les laissai exécuter. Cette sévérité, juste dans son principe, fut nuisible dans ses effets ; elle m'aliéna des esprits déjà flottants, ou pour mieux dire elle ne fut qu'un prétexte dont ils colorèrent leurs craintes et leurs infidélités. Bientôt je ne fus plus en sûreté dans le milieu de l'île ; ceux qu m'étaient véritablement attachés me conseillèrent de m'en éloigner.

J'avoue que j'avais bien de la peine à goûter cet avis, qu'il me paraissait impossible de concilier avec ma gloire et mon devoir. La légèreté de ce peuple me tint bientôt dans l'impossibilité de trahir l'une et dans la nécessité de les abandonner sans manquer à l'autre.

Mais, voulant faire la chose avec une sorte d'éclat, je proposai aux Etats généraux de réfléchir sur la circonstance présente. Après un long discours tendant à résister aux efforts de la France, et à détruire les semences de divisions qui se trouvaient parmi eux, je conclus par leur offrir de mourir avec eux s'ils étaient dans la résolution de se sacrifier pour leur patrie, ou bien à me démettre de la dignité où leurs suffrages m'avaient élevé, s'ils ne voulaient plus soutenir leur courage. Le discours que je prononçai, quoique étendu, fut écouté avec assez de tranquillité ; mais la fin de la cérémonie aboutit à convenir de la nécessité de mon abdication. Je ne balançai point à l'effectuer et je me retirai en Angleterre. Je n'ose dire que je quittai une couronne sans regret ; c'est un avantage dont le sacrifice est toujours amer.

Je n'avais aucun reproche à me faire ; rien n'avait été omis de ce qui peut dépendre de la justice, de la prudence ou de la fermeté. Une pareille apologie serait un effet d'une vaine gloire si elle avait des objets moins élevés. Il ne me restait de mon ancienne grandeur, qu'un personnage difficile à soutenir dans le monde. J'ai écrit tout ceci, pensant que les différentes aventures qui me sont arrivées pendant le temps que j'ai erré en Europe, seront quelque jour la matière d'un ouvrage que je désire véridique, car alors il sera utile. Le reste de ma vie n'offre pas depuis ce temps le même éclat et la même agitation qui en avait si bizarrement et si longuement diversifié le cours.

Instruit par le plus grand maître qu'aient jamais eu les hommes, je ne possédai jamais de plus grand bonheur que dans la tranquillité.

Je suis un exemple bien frappant de ce que la modération des devoirs est préférable aux conseils tumultueux que donne une ambition exagérée.

Mais il ne suffit point que l'histoire de mes malheurs soit une leçon pour les hommes ; je me sens assez d'élévation pour aspirer à l'honneur d'instruire des Roys. Heureux si les uns et les autres profitent, pour le bonheur de la société, des suites d'une longue et triste expérience !

DEUXIÈME PARTIE

DEUXIÈME PARTIE

On aura été en état de prendre quelques idées de mon caractère dans ce que je viens de dire de mes aventures. J'ai sup-
primé bien des détails dont le public aurait pu cependant tirer
quelques amusements ou quelque instruction, pour passer à la
partie la plus importante de cet ouvrage, et à laquelle tout ce
que j'ai dit jusqu'à présent sert d'introduction. S'il se trouvait
quelque chose dans les principes que j'ai établis qui pût déplaire,
je dois assurer que je n'y ai rien mis à mauvaise intention.

J'ai pour objet le bien général des hommes, pour guide la
vérité, et je reconnais volontiers pour mes juges ceux qui ne
décident pas du mérite d'un auteur sur le rapport des parures,
ou sur les premières impressions que peuvent faire naître des
vérités hardies. On ne doit pas trouver mauvais si je parle avec
liberté.

Cette hardiesse, blâmable dans un particulier, ne peut être
répréhensible en moi. Je peins les sentiments qui m'ont agité
dans le temps de mon élévation, et il est permis à chacun de

s'exprimer librement sur les fonctions de son métier et sur les devoirs de son état.

L'esprit philosophique qui règne aujourd'hui en Europe a trop éclairé les rois sur leurs obligations et les peuples sur leurs devoirs, pour que je puisse m'autoriser d'un système nouveau et dangereux. Je resterai donc dans l'esprit du siècle et, plaise à Dieu, mes écrits inspireront toujours le respect pour les princes, une soumission aveugle aux rois, un amour immense de l'humanité.

Des maximes si raisonnables peuvent-elles choquer des souverains ou troubler l'obéissance des peuples ? La vérité ne sert qu'à les rendre plus dociles ; un gouvernement qui fait leur bonheur laisse pénétrer les ressorts dont il se sert ; les lumières sur sa conduite ne peuvent blesser que les ministres des rois africains.

PRINCIPES GÉNÉRAUX

C'est une erreur de penser que les maximes de l'art de régner et la connaissance des devoirs des souverains circulent avec le sang.

La flatterie seule tient quelquefois ce langage, si bien démenti par les fautes perpétuelles des rois et par les malheurs continuels des peuples.

Qu'on ne pense pas que je destine cet ouvrage à dicter uniquement la conduite des rois et à les affermir sur leur trône : je travaille pour le bien général.

Les rois ne me tiendront pas rigueur ; car les éclairer sur leurs devoirs et dire ce qu'ils doivent faire n'est pas blâmer ce qu'ils font.

C'est une chose assez intéressante que l'origine du droit et des sociétés politiques ; les diverses formes du Gouvernement que l'on a adoptées dans tous les temps ont une même source.

C'est un grand malheur pour l'humanité de croire que la puissance se trouve attachée à l'exercice de la souveraineté ; il ne doit point en exister sur la terre ; l'origine du pouvoir en est la preuve ; il faut considérer deux choses dans la Société : l'état civil et l'état politique.

L'état civil, c'est l'ordre dans lequel les citoyens vivent et les lois par lesquelles ils acquièrent et conservent leurs biens.

L'état politique, c'est la sûreté avec laquelle les concitoyens conservent les mêmes biens et les moyens d'en assurer une paisible jouissance contre les efforts des ennemis.

Les lois par lesquelles les citoyens acquièrent et conservent leurs biens sont un consentement général des peuples aux conditions qui leur ont plu. Ainsi, comme dit Gravina, la réunion des volontés compose l'état civil. Mais la paix qu'elle maintient entre les citoyens, en fixant la manière de posséder les biens, peut être troublée par les ennemis du dehors ; il faut donc que les forces particulières se réunissent pour en assurer la durée.

La réunion de ces forces particulières compose l'état politique.

On ne distingue que deux parties essentielles dans la souveraineté : la force faisant les statuts et le pouvoir d'exécuter. La première est une suite de la réunion des volontés ; la seconde est pareillement une suite de la réunion des forces particulières. Il est évident que ces forces, que ces volontés séparées, n'ont pu donner à leur réunion que le degré d'autorité qu'elles avaient avant. Elles n'avaient qu'un degré d'autorité renfermée dans les bornes de leur bonheur et de leur conservation : donc elles n'ont pu en produire qu'une pareille.

C'est de ces principes que doivent dériver toutes les lois ; ils sont au monde politique ce que les règles du mouvement sont au monde matériel. Une passion violente de dominer a produit les premiers rois ; de l'abus qu'ils ont fait d'un pouvoir presque toujours usurpé sont venues les premières associations armées, d'abord contre les excès de ce pouvoir, et changées après en forme régulière de gouvernement.

Ces associations étaient faites entre quelques personnes considérables, ou bien elles étaient un concert unanime de tous les peuples. C'est alors qu'on vit dans le gouvernement républicain la forme démocratique et l'administration aristocratique.

L'état primitif de l'homme est essentiellement la liberté ; l'établissement des sociétés est une suite du premier usage qu'ils en ont fait. Ils ont pu se rassembler et vivre pour leur bonheur sous les mêmes lois.

PLAN DE GOUVERNEMENT

Ces principes une fois posés, il n'est rien de plus aisé que d'établir un plan fixe d'administration. C'est dans ce plan que paraît l'esprit de celui qui gouverne. Plus il se rapporte à la liberté publique, à la prompte expédition des affaires, à la sollicitude de porter la lumière dans les détours des lois, à faire pénétrer partout la vérité, plus on peut en tirer des préjugés avantageux sur le caractère du prince. Heureux les Etats qui donnent à leurs constitutions intrinsèques de pareils établissements! Ils seront peu troublés, car le caprice n'aura que peu d'action. C'est sur des idées aussi belles et aussi éclairées que tout gouvernement doit être fondé. Un sage législateur ne perdra jamais de vue l'harmonie du corps politique ; il ne veut être remué que par des ressorts doux et faciles. C'est la machine d'Archimède ; mais le point d'appui n'est pas impossible à trouver comme celui que ce grand philosophe demandait pour ébranler l'Univers. Un des plus grands abus à réformer dans la constitution d'un Etat, c'est celui de l'immensité du pouvoir. Le despotisme qui plaît si fort aux petits esprits est la ruine des peuples et des rois. Il faut des lois fondamentales contre lesquelles le caprice ne puisse rien ; elles font la sûreté des princes, des peuples et la prospérité des États.

On ne désire une puissance sans bornes que faute de connaître les excès où elle porte, les dangers qui l'environnent et les malheurs dont elle est le germe.

Cette vérité n'a jamais frappé l'esprit d'un souverain, excepté peut-être le czar Pierre le Grand. Il a fait quelques efforts pour délivrer son empire des ravages du despotisme ; des causes particulières le retiennent encore dans le gouffre dont il a voulu le tirer.

Mais le mal est moins dans l'excessive puissance que dans l'usage abusif que l'on fait de cette puissance. Un prince éclairé sur les vrais intérêts de ses peuples, animé par l'amour de la belle gloire, évitera les écueils d'un pouvoir illicite et mènera sa nation à la félicité par les mêmes chemins qui en ont égaré tant d'autres.

On peut conclure de ce principe que, dans les mains d'un bon Roi, l'excessive puissance n'est pas un danger irremédiable, car il ne veut que ce que la raison et le bien des peuples exigent nécessairement ; mais en général les rois se laissent conduire par des ministres qui eux-mêmes sont trop susceptibles de se laisser guider par leurs passions et par des intérêts personnels, et c'est pour cela qu'il est indispensable de trouver dans les lois le remède au mal.

Il est donc nécessaire de tempérer par de sages lois le pouvoir immense du monarque ; que ces lois soient la base de la monarchie ; qu'on ne puisse les heurter sans choquer l'intérêt général ; que le pouvoir législatif, lorsque le souverain en est le dépositaire, comme en Espagne, souffre qu'un conseil examine les nouvelles lois qu'il veut faire promulguer ; qu'on lui remontre en quoi elles s'écartent des principes fondamentaux de l'État. C'est à cet usage de remontrances que la France doit la suppression de tants d'édits ruineux et de tant d'autres règlements rectifiés. Un souverain est trop heureux d'avoir un corps éclairé et nombreux, obligé par le fait de son institution de veiller au bien public et de porter dans les affaires les plus cachées le flambeau de la vérité.

Engage-t-on le Prince dans une démarche contraire au bien des peuples et à la gloire même du souverain ? que les tribunaux dépositaires des lois portent le flambeau de la vérité au pied du trône, son éclat frappera le monarque et l'État sera sauvé.

Il y a par la nature des choses une certaine opposition entre le conseil examinateur et les tribunaux. On peut tirer de grands avantages de cette rivalité en la tournant vers les objets de l'utilité générale.

C'est sur l'esprit de ces maximes que j'avais rédigé un plan d'administration. Les Corses m'avaient remis une autorité absolue, c'est-à-dire qu'ils avaient consenti à me conserver le pouvoir législatif joint aux fonctions du pouvoir exécutif.

Les tribunaux me déchargèrent de la moitié de ces fonctions. La direction de la partie de cette puissance exécutive qui regarde le droit civil leur était confiée. Le pouvoir législatif, ou la faculté des statuts, et la puissance exécutive dans les choses qui ont rapport au droit des gens, étaient soumis à une forme compliquée qui ne lui faisait rien perdre de sa promptitude d'exécution.

J'avais établi cinq conseils :

Le premier avait la direction de tout l'intérieur de l'État, le bon ordre, la police, les grands chemins, le commerce intérieur.

Le second était chargé de la perception des droits royaux, des impôts et généralement de tout ce qui a rapport aux finances.

. Le troisième avait l'inspection de toutes les affaires de la guerre.

Le quatrième, la marine et le commerce extérieur.

Le cinquième, les affaires étrangères.

Les présidents de ces conseils et les ministres d'Etat formaient le conseil particulier qui était le centre de l'administration, et où les grands intérêts étaient décidés. Dès qu'on rendait un édit, on le portait à ce conseil pour être examiné ; après quoi, les tribunaux étaient entendus avant qu'ils procédassent à leur enregistrement. Cette manière d'opérer tempérait l'exercice de la puissance, et les lois, ainsi épurées de toute empreinte d'arbitraire, ne paraissaient que les règlements d'une sage administration.

Les bons rois ne pensent pas que vouloir les éclairer, soit leur désobéir ; que la résistance à des lois dangereuses soit une rébellion punissable. Ils sauront gré au contraire à ceux qui ont le courage de braver, dans les cours, l'écueil de la vérité, car ils préfèrent les sujets aux esclaves.

La douceur et l'affabilité dans le commandement sont plus utiles que bien des gens ne le pensent : c'est une chose si facile, que je ne comprends pas pourquoi elle est négligée ; elle est une suite de ce que les rois doivent aux peuples.

Les ministres ont un grand tort, dit un homme de génie : c'est de réduire au strict les égards réels que les rois doivent aux sujets. Ils ne devraient pas ignorer qu'il y a des occasions où, par une conséquence nécessaire, on réduit pareillement au strict l'obéissance réelle que l'on doit aux rois. Il ne faut jamais affaiblir les rapports qui existent entre le Prince et ses sujets, ni frapper sur le nœud qui les rassemble ; c'est le grand art de régner. Un gouvernement éclairé et ferme peut conduire les peuples par la sagesse des conseils, encore plus que par le pouvoir des lois. Si les princes connaissaient à quels excès les ministres sont quelquefois capables de se porter ils n'en choisiraient qu'en tremblant. Aux vices des courtisans ils joignent encore ceux qui sont attachés à leur âge.

Le dessein de conserver leurs places autorise les complaisances les plus préjudiciables au bien des sujets et à la gloire des maîtres. C'est pour prévenir une partie de ces maux que je préférai l'établissement des conseils pour l'expédition des affaires à celui des secrétaires d'État.

Je sais l'avantage qu'on peut tirer des derniers pour la promptitude et la vivacité des opérations ; mais l'abus qu'ils

font quelquefois de la puissance, m'avait déterminé à ne la con-
férer qu'à des conseils qui auraient eu des maximes de conduite stable, et dont les collectivités sont généralement seules
capables.

Sous un prince inappliqué et faible, trois ou quatre secrétaires d'Etat gouvernent despotiquement toutes les affaires, et
par la dureté et l'instabilité de leurs principes, le désordre se
met dans toutes les parties, le joug s'appesantit et les ravages
qui se commettent de tous côtés représentent assez au naturel
l'administration des pachas en Turquie.

On a vu pendant quelque temps en France, un plan de législation tel que celui que je songeais à établir. Jamais cet état
n'a été gouverné plus sagement ; ce plan réunit dans une même
forme, sans altérer la prérogative royale absolue, la douceur
du gouvernement républicain, la suite constante des maximes
et des intérêts de cet état, qui est le caractère singulier de
l'aristocratie et tous les avantages de la monarchie, dont le
plus important est sans doute cette puissance corrective qui
ramène promptement et avec force les intérêts particuliers à
l'intérêt général.

ORDRE DE L'ÉTAT RÉTABLI

La tyrannie des Gênois confondit en Corse toutes les distinctions nécessaires à l'harmonie du corps politique; ils ont exterminé la noblesse, démoralisé le peuple, et s'ils n'ont pas maltraité le clergé, ils lui ont permis d'asservir les peuples en les plongeant dans la superstition la plus grossière et la plus monstrueuse.

Il est dans la nature que les hommes, en général, soient attachés à la religion; de là ce penchant irrésistible qui nous entraîne vers ses ministres. De leur côté, il est bien difficile qu'ils ne songent pas à se prévaloir du penchant que nous avons à les honorer; qu'ils ne s'attribuent des égards qui ne sont dus qu'à leur ministère, arrivant ainsi peu à peu à balancer l'autorité des lois,

Pour éviter ce grave inconvénient, il faut qu'un sage législateur les rappelle au corps d'Etat, pour en affermir la tranquillité par des prérogatives et des distinctions liées si intimement à la constitution, qu'ils ne puissent trouver de solides avantages que dans leur attachement aux principes du gouvernement; que le pouvoir de remplir les fonctions sacerdotales soit une portion inaliénable des prérogatives apostoliques, j'y consens, mais que les prêtres reconnaissent au moins le droit du gouvernement, d'en défendre, d'en permettre et d'en suspendre l'usage.

Pourquoi les prêtres se séparent-ils du Corps de l'Etat ? Quels droits sont plus inviolables que ceux de l'établissement de la Société ? Des prétentions si monstrueuses ne sont-elles pas directement en contradiction à l'esprit de la religion ? Je prenais donc les plus exactes précautions pour ne point accréditer de pareils abus. Elles sont aisées à appliquer quand on connaît les sources du mal. Je rétablissai donc le clergé dans la possession où il est parmi les chrétiens de tenir le premier rang dans les ordres de l'Etat. Mais dans les règlements concernant les charges publiques, je les réduisis à demander de faire corps avec la noblesse, ce qui épargne les embarras de ces assemblées particulières, toujours inutiles et souvent dangereuses. C'est le chef-d'œuvre de la législation que de fixer les bornes qu'il faut donner aux droits des prêtres, de façon que leur pouvoir n'influe jamais sur l'administration et que leurs intérêts les tiennent étroitement unis à la base de la monarchie.

La religion est le point d'appui de tout gouvernement, quoique la plupart des hommes soient conduits par des vues qui ne tiennent point aux choses spirituelles, et que la cupidité paraisse être le seul mobile de leurs actions.

La noblesse était aussi un des premiers objets de mes soins. C'est la plus précieuse portion de la monarchie ; elle entre fondamentalement dans son institution et ne saurait subsister avec l'éclat qui lui est propre que sous cette forme de gouvernement, lequel, par un juste retour de la nature des choses, ne peut se maintenir dans la gloire et la splendeur sans cet appui si sûr et si naturel.

La noblesse est spécialement le bras du monarque : en effet, possédant par l'esprit de son institution tous les emplois militaires, elle est le nerf des armées, dont le prince en est le chef immédiat, et elle est toujours la première intéressée à l'affermissement du trône.

Ses privilèges sont tellement confondus avec les droits du monarque, que l'on ne peut ruiner les uns sans anéantir les autres. Dans les secousses violentes qui, vers le dernier siècle, ébranlèrent le trône en Angleterre et en précipitèrent la famille royale des Stuarts, la noblesse, inviolablement attachée à Charles Ier, se sacrifia pour le salut de ce malheureux prince, et lorsqu'il eut succombé elle s'ensevelit sous les ruines de la monarchie.

Le troisième ordre, c'est-à-dire le peuple, faisait l'objet de ma plus vive sollicitude ; il est la base du gouvernement et il est tout naturel que la prévoyance du législateur lui soit acquise. On peut le diviser en trois parties principales : les négociants, les artisans et les cultivateurs. Protéger le commerce dans toutes les différentes branches, en former de nouvelles, encourager et faire fleurir la navigation, voilà ma maxime générale sur cet objet.

Aider et protéger l'industrie, voilà ce que les artisans doivent attendre du législateur. Le luxe des citoyens, celui de la capitale, et surtout celui de la Cour sont les ressorts qu'il peut employer.

Le peuple, cette partie de la République, si injustement méprisé et presque partout malheureux, aurait joui sous moi d'un sort bien différent.

En encourageant les travaux agricoles par les moyens connus et si rarement pratiqués, la misère aurait disparu avec l'oisiveté. L'abondance dans les campagnes doit être le premier soin d'un gouvernement sage et éclairé.

C'était l'opinion d'Henri IV. On connaît le mot de cet excellent Prince, auquel il faut moins s'arrêter qu'à la grandeur et à la bonté du sentiment qu'il contient. Ainsi, le clergé rétabli dans des droits et dans un rang dont il n'avait pas même l'idée, aurait sacrifié à la solidité réelle de ces avantages la vaine satisfaction de régner tyranniquement sur des peuples naturellement religieux.

La noblesse, rappelée à l'objet de son institution, serait entrée dans le plan du gouvernement pour en affermir les principes.

Les peuples, heureux au sein de l'abondance, n'auraient pas

fait la guerre à la noblesse et toutes les classes auraient ainsi concouru par leur soumission, leur obéissance et leurs travaux, à la grandeur et à la perpétuité de l'Etat. La forme de l'Administration, c'est-à-dire la justice, cette partie essentielle de la souveraineté, est trop négligée en Europe.

Dans un grand nombre d'Etats, on ne juge la plupart des procès que sur des coutumes variées à l'infini, sur les lois romaines et les constitutions des empereurs dont quelques-unes se contredisent. Aussi ont-elles été le fondement de tant d'arrêts opposés.

Que conclure de ces contradictions ? On ne peut les justifier que par la bizarrerie de l'esprit humain.

Il me paraissait capital d'assujettir tous les tribunaux à une forme invariable et de les arrêter à des lois fixes. Je prenais dans le droit romain et dans les autres manuels ce que je trouvais de plus clair et de plus précis ; j'en formais un code qui devait seul régler les magistrats et qui joignait à une forme simple des règles distinctes.

L'établissement d'une juridiction unique avait été introduit en Corse par la politique génoise, comme une porte nécessaire pour faire entrer les richesses parmi cette partie de la noblesse républicaine que la pauvreté avait poussée à rechercher ces sortes d'emplois. Et puis cette unique juridiction facilitait l'injustice et la tyrannie. Les abus qui ont toujours suivi cette indigne magistrature étaient une raison pressante de les supprimer. Les anciens juges, presque tous prévaricateurs, furent donc privés de leurs charges.

Mon projet était d'établir deux juridictions subalternes comme les présidiaux que l'on a en France ; l'une aurait été établie à Calvi et l'autre à Corte. Elles auraient jugé les différends des particuliers sous l'autorité de la cour supérieure que je voulais créer dans la ville où j'aurais définitivement résidé. Ce parlement, outre le droit de juger souverainement et sans appel toutes les affaires contentieuses, aurait encore été chargé de veiller spécialement à la conservation des droits de la couronne.

C'est par lui que les lois auraient été promulguées ; il aurait examiné si elles ne blessaient en rien les vrais intérêts de l'Etat.

Le droit de remontrer ce qui pouvait choquer les principes fondamentaux de la Constitution, entrait dans le plan de son institution. Dépositaire des lois de la monarchie, il devait veiller à leur exécution ; arbitre des différends entre les particuliers, il était encore le père des orphelins et le protecteur des pauvres ; enfin, chargé de tous les intérêts des peuples, leur bonheur devait être l'objet de tous ses soins.

A ces fonctions importantes se joignaient des devoirs non moins sacrés ; il était l'œil du prince et par là obligé de veiller soigneusement sur tous les ordres de l'Etat.

Elevé par l'importance de ces fonctions au-dessus des autres sujets, il devait donner l'exemple de la soumission et de l'obéissance ; interprète des volontés du souverain, la justice devait dicter tous ses arrêts.

DÉTAILS POLITIQUES

La population était un des principaux objets de mes soins ; plusieurs moyens m'avaient frappé.

La douceur du gouvernement attire les étrangers, fait fleurir le commerce, et là où ces deux choses sont en honneur la population augmente forcément. Encourager les mariages et punir sévèrement les assassinats étaient deux choses également urgentes. Le juif, proscrit de Bohème et presque partout incertain de son établissement, cherchait en Corse une retraite que je ne lui aurais pas refusée et dont j'aurais augmenté les douceurs par des privilèges considérables. Il se fait de temps en temps des émigrations de familles qui abandonnent la Morée et les îles de l'Archipel ; non seulement je les aurais reçues en Corse, mais je les aurais attirées par tous les moyens, notamment en offrant une sujétion douce et profitable à des peuples accablés sous un gouvernement tyrannique.

Le militaire, qui ruine les États, aurait servi à la population du mien. Quelques agréments procurés aux soldats, joints à la situation du pays, rendaient la désertion presque impraticable. J'aurais eu à ma solde un corps de cinq ou six mille étrangers, Suisses ou Allemands, et par des précautions aisées, ces hommes auraient contribué à l'augmentation de l'espèce.

La richesse d'un État consiste dans le nombre de ses habitants et dans leur travail. Le commerce ne sert à rendre un État plus puissant que ses voisins, que parce que, dans un certain nombre d'années, il y a une guerre avec ses voisins. Alors dans la calamité de cette guerre la nation la plus riche l'emporte nécessairement sur les autres, toutes choses d'ailleurs égales. En effet, ayant plus d'argent que l'ennemi, elle peut acheter plus d'alliés, plus de troupes étrangères. Sans la guerre, l'augmentation de la masse d'argent et d'or ne serait pas chose bien utile. Il est facile de comprendre que s'il y a deux milliards dans un royaume, toutes les denrées et la main-d'œuvre coûteront le double que s'il n'y avait qu'un milliard.

La vraie richesse n'est donc pas dans l'or et l'argent ; elle est dans l'industrie, le travail et dans l'abondance de ses denrées. Il n'y a pas longtemps qu'on a vu, sur la rivière de la Plata, un régiment espagnol dont les officiers avaient des épées d'or, mais qui manquaient de chemise et de pain.

Je suppose que depuis Hugues-Capet la quantité d'or n'ait point augmenté en France, mais que l'industrie se soit perfectionnée cent fois davantage dans tous les arts ; je dis que ce royaume est réellement cent fois plus riche que du temps de Hugues-Capet ; car être riche, c'est jouir ; on est plus riche puisqu'on jouit d'une maison mieux bâtie, plus aisée, mieux distribuée que n'était celle de Hugues-Capet lui-même ; on est plus riche, car on a mieux cultivé les vignes, on a perfectionné les manufactures et les arts ; on est plus riche parce que les chênes qui pourrissaient autrefois dans les forêts, sont aujourd'hui façonnés en parquet, parce que le sable restait autrefois inutile sur la terre et aujourd'hui on en en fait des glaces.

L'industrie seule a procuré ces avantages. Ce n'est donc pas l'argent qui enrichit un royaume, c'est l'esprit ; j'entends l'esprit qui dirige le travail. Le commerce produit le même effet que le travail des mains, il contribue à la douceur de la vie. Si on a besoin d'un ouvrage des Indes, d'une production qui ne se trouve qu'à l'étranger, si on éprouve des besoins, le commerce les satisfait, on devient riche.

La richesse consiste donc dans le grand nombre d'hommes laborieux ; le but, le devoir d'un gouvernement sage est donc le peuple et le travail. Dans nos climats il y a plus de mâles que de femelles ; or, il est clair que c'est les faire mourir pour la société que de les enterrer toutes vivantes dans un cloître, où elles sont perdues pour la race présente, et anéantissent les races futures. L'argent perdu à doter les couvents serait donc très bien employé à encourager les mariages.

Je compare aux terres en friche qui sont en France les filles qu'on laisse sécher dans un cloître. Il faut cultiver les unes et les autres. Enterrer les filles dans les cloîtres et laisser les champs couverts de ronces sont deux choses funestes à l'Etat ; la stérilité en tout genre est ou un vice de la nature, ou un attentat contre la nature. Un roi, qui est l'économe de la nation, donne des pensions aux dames de la Cour, et il fait bien, car cet argent va aux marchands, aux coiffeuses et aux brodeuses.

Mais pourquoi n'y a-t-il pas des pensions attachées à l'encouragement de l'agriculture, de même qu'il y a des pensions accordées aux dames de la Cour ?

Cet argent retournerait à l'Etat avec beaucoup plus de profit.

On sait que c'est un vice dans un Etat qu'il y ait des mendiants. Il y en a de deux espèces : ceux qui vont en guenilles d'un bout du royaume à l'autre, arracher aux paysans, par des cris lamentables, de quoi aller au cabaret ; et ceux qui, vêtus d'habits en forme, vont mettre le peuple à contribution au nom de Dieu, et viennent souper chez eux dans de grandes maisons où ils vivent à leur aise.

La première de ces deux espèces est moins pernicieuse que l'autre, parce que, chemin faisant, elle produit des enfants à l'Etat, et que, si elle fait des voleurs, elle fait aussi des filles et des soldats : mais toutes deux sont un mal dont tout le monde se plaint, et que personne ne déracine. Il est bien étrange que dans un royaume qui a des terres incultes et des colonies, on souffre des habitants qui ne peuplent ni ne travaillent.

Le meilleur gouvernement est celui où il y a le moins d'hommes inutiles.

D'où vient qu'il y ait des peuples qui, possédant moins d'argent que les Français, se sont immortalisés par des ouvrages que ces derniers n'oseraient imiter ? Cela provient de ce qu'ils avaient une meilleure administration, puisqu'elle engageait plus d'hommes au travail. Les impôts sont nécessaires, la meilleure façon de les lever est celle qui n'entrave ni le travail ni le commerce. Un impôt arbitraire est vicieux ; il n'y a que l'aumône qui puisse être arbitraire ; mais dans un Etat bien policé il ne doit pas y avoir lieu à aumône.

Qu'est-ce qu'un impôt ? C'est une certaine quantité de blé, de bestiaux, de denrées que les possesseurs de terre doivent à ceux qui n'en ont point. L'argent n'est que la représentation de ces denrées ; l'impôt n'est donc réellement dû que par les riches. Vous ne pourrez pas demander à un pâtre une partie du pain qu'il gagne, ni le lait que les mamelles de sa femme donnent à ses enfants.

Ce n'est pas sur le pauvre, sur le manœuvre qu'il faut imposer une taxe ; il faut, en le faisant travailler, lui faire espérer d'être un jour assez heureux pour payer des taxes. Le peuple le plus heureux doit être celui qui paye le plus, et c'est incontestablement le plus laborieux et le plus riche.

Le papier public est à l'argent ce que l'argent est aux denrées : une représentation, un gage, un échange. L'argent n'est utile que parce qu'il est plus aisé de payer un mouton avec une pistole qu'avec quatre paires de bas. Il est de même plus aisé à un receveur des tailles d'envoyer au trésor royal 400.000 fr., dans une lettre, que de les faire voiturer à grands frais ; une banque avec papier de crédit est donc utile. Un papier de crédit est dans l'administration, dans le commerce et dans la circulation, ce que les cabestans sont dans les carrières ; ils enlèvent des fardeaux que des hommes n'auraient pu remuer à la force de leurs bras.

Un Ecossais, homme utile et dangereux, établit en France le papier de crédit ; c'était un médecin qui donna une dose d'émétique trop forte à ses malades ; ils en eurent des convulsions, mais parce que l'on a trop pris d'un remède doit-on y renoncer à jamais ?

Changer le prix des espèces, c'est faire de la fausse monnaie ; répandre dans le public plus de papier de crédit que la masse et la circulation des espèces et des denrées ne le comportent, c'est encore faire de la fausse monnaie.

Défendre la sortie des matières d'or et d'argent, c'est de l'ignorance ; c'est à la fois ne pas vouloir payer ses dettes et perdre le commerce. L'Espagne a conservé, comme d'autres nations, cette ancienne loi, qui n'est qu'une ancienne misère.

La seule ressource du gouvernement est qu'on viole toujours cette loi, aussi inepte que le décret par lequel les Hollandais défendaient l'entrée du sucre et de la cannelle chez eux.

Telle est l'ébauche des principes de mon administration. On sent qu'il serait facile d'étendre les notions dont je viens de donner une légère idée. Je n'approfondirai point les détails ; on concevra aisément que, tant d'avantages concourant également au même but, la Corse serait arrivée petit à petit, et autant que le comporte sa puissance intrinsèque, au point de grandeur et de félicité où de sages maximes ne manquent jamais de conduire les peuples. Par la forme d'administration établie dans les finances, la profession des traitants y aurait été aussi peu connue que leurs actions, et l'on n'aurait jamais été exposé au malheur de voir les privilèges de la noblesse dégradés entre leurs mains, et le prix du sang versé pour la patrie devenir la proie de ceux que le sang du peuple a engraissés.

Tout est plein de maux faits par les traitants.

Mais pourquoi livrer les peuples à leur insatiabilité et à leur barbarie ? Mille moyens plus doux se présentent d'abord aux yeux du législateur qui aime sa nation ; faut-il sacrifier le bien général à des intérêts particuliers ?

La ferme des revenus de l'Etat est la ressource de ces familles dérangées qui cherchent de l'argent par toutes sortes de moyens. La régie est l'administration d'un bon père de famille à qui le bien de ses enfants est précieux et qui tient à le leur conserver.

Quelles lumières n'avons-nous pas aujourd'hui sur la perception des impôts ? L'étude de la finance a été longtemps un chaos impénétrable ; le duc de Sully fut le premier qui le débrouilla. Colbert et le maréchal de Vauban ont étendu les vues de ce ministre vigilant et laborieux. Il serait possible de renchérir encore sur leurs découvertes, et d'établir enfin un système de finances qui, évitant les inconvénients si longtemps et si vainement déplorés, assurerait la subsistance des peuples contre les monopoles et les concussions. Un impôt général sur le blé, ou la régie au moulin, a été proposé ; mais la différence des productions et le plus ou le moins de stérilité des temps, rendent cette imposition inégale. Peut-être qu'un droit levé sur le sel, denrée dont le débit est si sûr et si égal, ne serait pas sujet à tant d'inconvénients.

Dans un projet si étendu et qui tient à des détails si variés, il ne faut pas songer à remédier à toutes les difficultés. Parer aux principaux inconvénients, arrêter les causes de la misère des peuples, faciliter l'abondance et la circulation sont les premiers devoirs d'un prince, et c'est ce que les sujets sont en droit d'exiger de la patrie. On ne saurait donc apporter trop de soins à simplifier la perception des impôts.

Les politiques vont proposer plusieurs moyens faciles en théorie, mais d'une pratique très épineuse par l'opposition des abus accrédités.

J'étais heureusement dans un cas bien différent.

Je pouvais choisir la forme qui me paraissait la moins compliquée, et je me décidais enfin à une taxe à peu près pareille à
celle proposée par le maréchal de Vauban, c'est-à-dire l'impôt
sur le revenu. Le produit était d'abord assez médiocre, puisque
l'île manquant d'habitants n'était presque pas cultivée ; mais en
la repeuplant, je comptais en augmenter la culture, ce qui aug-
mentait nécessairement les revenus de l'Etat.

La République de Gênes n'a jamais retiré plus de 300.000
livres de la Corse. Par l'ordre établi dans les affaires, je touchai, dans l'intervalle de deux ans que j'y demeurai, un peu plus
de 900.000 livres. J'avais même refusé un don de 100.000 livres
que les Corses m'offrirent quelque temps après mon arrivée. On
sent parfaitement bien qu'étant assuré, comme je l'étais, de
doubler en quelques années les habitants du royaume, la masse
d'argent aurait augmenté dans une progression plus prompte et
plus considérable.

Je traitais même avec une compagnie de marchands hollandais pour un emprunt de vingt millions à un intérêt modique, et
dont l'emploi aurait servi à presser les effets des arrangements
que je me proposais. J'avais presque conclu, par le crédit d'une
Cour à qui mon établissement en Corse pouvait être utile, un
traité avec certains cantons suisses, au moyen duquel on me
permettait la levée de 3.000 hommes dans ce pays. L'Italie
entière, surchargée de déserteurs allemands et français, une
assez grande réduction faite dans les troupes impériales et
françaises, me donnaient la possibilité de lever et de recruter
par Livourne, ou par Rome, un corps à peu près pareil.

Ce nombre de troupes, auxquelles j'aurais joint 4.000 hommes du pays, ne m'auraient été nullement à charge. J'aurais
tourné à l'avantage du peuple, l'oisiveté que la paix laisse aux
soldats.

Les grands chemins et les chaussées rétablis, les édifices
publics construits ou réparés, auraient rempli les moments que

les soins du service et de la discipline n'auraient pas occupés.

La protection déclarée de l'Espagne donnait nécessairement à la Corse une sorte de crédit en Italie. De plus, les moyens d'étendre partout son commerce, ce qui aurait augmenté sa puissance, l'auraient mise insensiblement en état de soutenir le rôle dont elle aurait été revêtue.

Je ne connais point de cour en Europe qui, en supposant les choses où elles devraient être, ne fût bien aise de voir une nation nouvelle s'élever près de l'Italie, et partager les objets du commerce avec celles qui en sont en possession.

L'étendue de la Corse, le nombre et la sûreté de ses ports, sa situation presque au milieu de la Méditerranée, en font un entrepôt commode pour tous les peuples qui naviguent dans cette mer. Rien n'y était donc plus possible que d'y établir un gros négoce et de le soutenir par les avantages dont on vient de parler, auxquels se seraient joints encore ceux de l'abondance et de la variété de ses productions.

Un traité conclu avec la Porte offrait les richesses et les ressources du commerce du vaste empire des Turcs, dont la politique adoucie ne présente presque plus de difficultés. Comprenant enfin les avantages de la navigation, toutes les nations qui recherchent leur alliance sont à présent bien reçues à Constantinople.

La considération que donnent les liaisons avec le sultan rend un traité avec les barbares aisé à conclure; la navigation assurée par ces précautions, le commerce augmente avec assez de promptitude.

Un préjugé très ancien que la monarchie d'Espagne suit, et qui est devenu une loi d'Etat, interdit toute relation entre les sujets de cette couronne et les mahométans. Il était possible de tourner au profit de la Corse les obstacles que cette superstitieuse politique met au commerce entre ces deux peuples.

Une sérieuse attention à maintenir la paix avec tout le

monde aurait aussi favorisé l'accroissement du négoce, l'augmentation des habitants et des richesses de l'île.

L'heureuse impuissance de se livrer aux idées ambitieuses ne laissait à mon gouvernement que cette voie pour parvenir à quelque considération.

Mais ces changements considérables que j'avais à faire dans la nation n'y auraient été introduits qu'avec prudence et en les faisant entrer dans l'esprit général. Il faut bien se garder de l'autorité absolue pour opérer ces mutations, surtout lorsqu'elles tiennent aux mœurs et aux manières du peuple. La violence, souvent utile, paraît, dans ces sortes de cas, toujours tyrannique. Pierre le Grand n'a peut-être jamais exercé une autorité plus accablante qu'en faisant raser ses sujets et en obligeant le clergé de souffrir qu'on fumât du tabac. Il faut qu'un législateur paraisse avoir bonne opinion de la nature humaine, tout en veillant attentivement sur ses faiblesses, car la défiance produit par degré le découragement. Une fois que ces principes sont établis et gravés, qu'ils entrent dans les préjugés de la naissance, de l'éducation, que l'allure générale prouve que l'esprit de la nation s'est plié aux vues du législateur, il ne faut presque plus que lui montrer le bien pour l'obliger à le suivre.

C'est principalement par la forme de l'éducation de la jeunesse que l'on peut apporter, dans l'esprit général, les changements que l'on veut introduire dans les abus, dont tout le monde se plaint et que personne ne corrige. Cette éducation se donne mal chez nous. Elle est donnée sans aucune différence : l'homme de loi reçoit la même éducation que le militaire ; celui-ci a été élevé comme l'ecclésiastique et tous l'ont été très mal. C'est sur cet objet principal que j'avais médité les arrangements les plus sérieux, sans adopter ni les lois de Lycurgue, ni les institutions de Solon ou les usages des Perses.

Former de bons citoyens, inspirer le respect pour les lois et pour le Prince qui en est la source, sont de trop grands intérêts pour être négligés. Une éducation générale donnée à tous les jeunes gens les aurait conduits à cet âge où les goûts commencent à se développer. Il est alors possible de faire choix d'une profession. Cette éducation aurait nécessairement inspiré l'amour du travail. Le respect et la connaissance des lois auraient été inspirés à ceux que l'on destinait aux magistratures.

La pureté des mœurs, l'étude des préceptes et des devoirs ecclésiastiques auraient fait le fondement de l'éducation de la jeunesse appelée à l'Eglise.

L'amour de la patrie et de la gloire, les sentiments de l'honneur le plus épuré, les exercices convenables à la profession des armes, auraient préparé et cultivé les dispositions de ceux que leur goût destinait à la guerre. C'est aux principes d'une excellente éducation que les Grecs durent le respect pour leurs rois et cet amour si tendre pour leur patrie que nous admirons aujourd'hui, et dont nous avons seulement entendu parler. En effet, il est dans la nature d'aimer ce qui élève nos âmes au-dessus de l'humanité. L'usage de tout rapporter à ce centre étend la tendresse naturelle que ce nom jette dans les cœurs.

Il y a des pays où le mot de Patrie n'est pas connu, d'autres où l'honneur a si peu pénétré qu'on n'a pas même de terme pour l'exprimer. Voilà donc deux grands ressorts de moins dans un gouvernement, car il n'est rien où l'honneur et l'amour de la patrie ne puissent porter les hommes.

Religion. — Je n'ai pas le courage de rapporter ici tous les obstacles qui s'opposaient à mes vues. Les plus grands étaient, sans doute, dans l'esprit même des peuples, et, par un grand malheur, ils tenaient à des choses révérées. A mesure que les abus étaient plus déplorables, la superstition les sanctifiait aux yeux de ces ignorants insulaires. Jamais on n'a mieux vu le triomphe d'une affreuse superstition que parmi eux.

Les obstacles que la religion oppose aux vues d'un sage législateur veulent être minés imperceptiblement et non être renvoyés avec effort. C'est au temps et à la patience à adoucir les maux ; ce grand point une fois obtenu, la religion n'a plus qu'un pouvoir modéré, qui est le seul qui lui convienne. Les maximes dans leur pureté élèvent l'esprit et redressent le cœur, la corruption que la superstition mêle à ces maximes rend les âmes stupides : c'est ainsi que celles qui sont le principe de la vie deviennent quelquefois le germe de la mort.

C'est donc pour un objet si important que je commençais mes réformes ; les changements dans les lois de l'éducation auraient opéré des changements dans les idées, une morale plus douce et plus humaine aurait rétabli les distances qui existent entre les vices et les vertus. La religion de l'île est la catholique romaine, sans mélange d'aucune secte.

On sent parfaitement qu'il était impossible de la repeupler sans altérer cette uniformité. Lorsqu'on est maître de ne pas recevoir une religion dans un Etat, on fait très bien de la refuser. La trouve-t-on établie ? il faut la tolérer, car, dès qu'il est question de la réformer, on se heurte à de très grandes difficultés ; on s'expose à ne plus être obéi par le peuple. Il est donc plus prudent d'avoir des égards pour le nombre de citoyens que pour le genre de religion. Dans toutes les religions du monde, on est capable d'obéir aux lois, d'aimer la patrie et le gouvernement sous lequel on vit heureux. La désunion dans la religion est dangereuse ; la multiplicité des religions n'est sujette à aucun inconvénient, si la dominante ne persécute pas, comme en France, et que les autres, satisfaites de leurs privilèges, se bornent à en jouir comme en Hollande.

Inquisition. — On a écrit si solidement contre l'érection du Tribunal de l'Inquisition, qu'il est étonnant que des peuples policés en soutiennent l'usage ; il est contraire à tout droit humain et divin. Ennemi de la Société, établi sur des idées monastiques, horrible dans le plan de son institution, il est criminel dans la suite de ses opérations.

De quelque adoucissement dont on ait usé en Italie pour le rendre plus tolérable, il n'en est pas moins digne d'horreur. Qu'est-il cependant en comparaison de ces barbares tribunaux d'Espagne et de Portugal !

Comme s'ils voulaient avilir la royauté, les souverains de ces deux Etats, au lieu de les proscrire, ont eu la faiblesse de s'en déclarer, non-seulement les protecteurs, mais encore les chefs immédiats. Tandis que leurs caprices ont souvent violé les lois les plus sacrées de leurs Etats, renversé les droits les mieux établis de leurs peuples, sous de vains prétextes ou pour de petits intérêts, ces princes n'ont osé faire sur cet objet qu'un essai médiocre et déshonorant de leur pouvoir. Non seulement, ils n'ont point arrêté le cours de ces abus ; mais leur faiblesse n'en a que trop souvent appuyé leur crédit. De quelle utilité peut être, dans un Etat, un Tribunal si monstrueux ? Est-il le protecteur des peuples, le conservateur de ses privilèges ?

Non, car il les tient dans la plus dure servitude, et il exerce une puissance tyrannique jusque sur leurs consciences. Sans examiner ici, avec Barbeirac, si l'on peut prendre les armes pour obliger les princes à supprimer cet infâme établissement, je me contente de remarquer que ce serait un grand service rendu à l'humanité que d'étouffer un monstre si furieux.

La personne du Prince.— De quelque façon que l'on considère le Prince, il faut toujours que cet examen lui soit avantageux. Sa réputation doit être entière dans toutes ses parties. Souverain, législateur, on doit croire qu'il joint, aux connaissances les plus étendues des lois et des maximes de la nation, un zèle sincère pour les vrais intérêts, un amour inaltérable de justice. Chef immédiat de l'armée, si la nature lui a refusé les talents pour la guerre, ou qu'une modération louable en ait éteint le goût, il faut que l'on ait bonne opinion de son courage. Rien n'est plus injurieux à la majesté royale, que le doute sur cette matière.

Administrateur des revenus de l'Etat, son discernement consistera à bien placer ses grâces, et régler par une noble économie les finances de l'Etat. C'est par lui que l'on jugera du caractère de sa nation. La franchise, la bonne foi, une fidélité inviolable pour sa parole, une religion inébranlable pour ses engagements, doivent faire rechercher et respecter son alliance. Il faut qu'il traite ses sujets avec une sorte de familiarité toujours jointe à l'élévation de sa dignité ; qu'il n'oublie jamais qu'il est leur maître, moins pour le leur faire sentir que pour empêcher qu'ils ne l'oublient eux-mêmes.

Il faut, me disait un jour un grand génie, qui a publié depuis un excellent ouvrage dans lequel les principes de l'art de régner sont développés avec une profondeur et une clarté incroyables, il faut, disait-il, qu'un prince soit retenu sur le chapitre de la raillerie.

Il y a deux choses que les princes ne doivent jamais perdre de vue : l'amour des peuples et l'estime de ceux qui les approchent. On est porté si naturellement à les aimer qu'ils peuvent jouir de ce bonheur sans aucun effort. Il ne faut pas les regarder comme un accessoire agréable, ils sont absolument essentiels. Tout prince qui s'en prive est indigne du rang où le ciel l'a élevé. L'amour des peuples, toujours établi sur le sentiment du bien, fait seul la véritable gloire du monarque.

On ne mérite de place entre les héros dont la mémoire ne doit jamais périr, qu'en proportion du bien qu'on a fait à la Patrie. Le nom de Henri le Grand sera toujours cher à la France ; la postérité admirera moins les guerres sanglantes que

Louis XIV a si vigoureusement soutenues, que les établissements et les autres avantages que ce grand prince a procurés à ses peuples, lorsque l'esprit paisible du législateur prévalait sur l'amour dangereux d'une vaine gloire.

Un roi doit veiller avec soin à ne point perdre l'estime de ceux qui l'approchent ; le mépris est le plus grand malheur où il puisse tomber ; pour la première, il ne faut que des attentions trop simples pour les négliger, ne laisser entrevoir aucune basse inclination, et s'élever avec force contre le germe de corruption que la facilité des plaisirs ne manque pas de produire.

Parlons des fastes des cours :

C'est à la galanterie et à la magnificence de la Cour que l'on doit la perfection des arts, qui est un des premiers effets du luxe. Un puissant génie placé près de l'homme par sa naissance et digne du trône par ses vertus, regarde le luxe de la Cour comme très avantageux aux différents corps de l'Etat. Un luxe effroyable à la Cour entretient l'industrie et suffit à la perfection des arts.

Il faut que le monarque soit circonspect dans ses discours et que jamais de basses façons de s'exprimer ne dégradent la dignité qui doit régler toutes ses actions. Il y a un mauvais style et des liens communs de plaisanterie qu'il doit éviter avec soin, mais surtout lorsqu'ils peuvent avoir la plus légère ombre de rapport aux choses du gouvernement. Rien ne marque plus les bornes de l'esprit et le peu d'élévation du cœur, que de fades allusions à des notions que le monarque doit toujours faire respecter. Il y a des nuances dans les vices et les vertus qu'il faut qu'il approfondisse ; la fierté et la hauteur sont en général des défauts dont la morale s'efforce de corriger les hommes, en les confondant avec la vaine gloire et le sot amour-propre. Ces deux derniers sont des vices toujours odieux et qu'il faut extirper ; mais les deux premiers sont pour les rois des qualités

essentielles s'ils savent les tempérer par la justesse, et les tourner vers les objets qui leur conviennent. Qui ne sait dissimuler,
ne sait pas régner, disait un roi de France. Cette maxime n'est
bonne que dans certaines circonstances. En général, un prince
a rarement besoin d'y recourir. Les guerres intestines causées
par l'ambition des grands, les cabales des intérêts opposés exigent certainement une certaine finesse dans l'esprit de celui
qui a intérêt à les canaliser ou à les éteindre ; mais cela ne veut
pas dire que le roi doit se faire un principe de la fausseté. Cette
maxime est née au milieu des horreurs d'une guerre civile et
dans le feu des factions qui déchiraient la France ; elle n'entre
donc pas essentiellement dans le caractère des bons rois. Les
vices les touchent de si près que la dissimulation tient nécessairement de la perfidie. Il n'y a qu'un prince semblable à Louis XI
qui puisse employer et autoriser de pareils principes.

Disons plutôt, avec un de ses prédécesseurs (1), que si la
vérité et la bonne foi étaient bannies du cœur de tous les hommes, on devrait les chercher et les trouver dans la bouche des
rois.

Rien ne sert plus à former le jugement que de profondes méditations sur les causes de la grandeur et de la décadence des
Empires. Ce devrait être le principal objet de l'étude des rois :
ils y verraient que la chute des trônes n'a jamais été l'ouvrage
d'un jour et si de puissants Etats ont été détruits par un seul
événement malheureux, il faut croire qu'ils portaient depuis
longtemps le germe de leur ruine, et que la circonstance fatale
n'a fait que développer ; le corps entier de l'histoire atteste
cette vérité. Ils y apprendraient à connaître les écueils qu'ils
doivent éviter, s'y convaincraient que la véritable gloire ne se
trouve point dans l'ivresse des plaisirs et que les rois ont toujours
été les premières causes de la perte des monarchies. C'est par

---

(1) Le roi Jean.

les plaisirs que la corruption attaque les princes ; elle se communique à la Cour, à la Capitale, et successivement elle embrasse toutes les parties de l'Etat.

Les roys doivent donc avoir une sérieuse attention sur leurs fonctions. S'ils les négligent, les passions règlent les mouvements de l'Etat, la machine se démonte, et sous ces impressions malfaisantes, elle finit par se dissoudre.

L'honneur qui doit seul animer la noblesse fait alors place à l'admiration des fortunes, qui, elle-même, cède, à son tour, au désir de les posséder.

La cupidité perce partout cette belle portion de la monarchie, qui perd son lustre et se corrompt parce qu'on n'a pas veillé, avec soin, à la conservation de son principe. Il est essentiel à la perpétuité des Etats que l'on maintienne chaque profession dans les lots qui lui sont adaptés.

Ces maximes générales m'avaient frappé dans toute leur évidence, et j'étais résolu à les appliquer dans les détails particuliers. Je me regardais comme le créateur d'une nation nouvelle.

En cela, plus heureux que Pierre le Grand, puisque j'avais son exemple à suivre, et les écueils qu'il n'avait point aperçus à éviter.

MAXIMES GÉNÉRALES

La sûreté du prince, le repos des peuples sont encore plus assurés par de sages lois, que par ces choses auxquelles l'on se confie si mal à propos de si grands intérêts.

C'est le langage de la tyrannie que de dire que le repos du gouvernement et l'obéissance des sujets sont affermis par leur misère. Cette barbare opinion n'est pas encore tombée dans l'horreur et dans le mépris dont elle est digne. La misère ne produit que l'accablement, l'esprit de paresse en est la suite, un engourdissement misérable saisit toutes les parties de l'Etat, le mine imperceptiblement et le dissout au moment où l'on pensait en avoir affermi l'autorité.

L'abaissement des sujets, la crainte des châtiments imposent un certain silence que les génies médiocres prennent pour de la tranquillité ; mais ce qui n'éclate pas au dehors, gêne au dedans.

La terreur s'empare des âmes, l'affection pour la Patrie n'est plus soutenue que par un instinct aveugle et naturel, la base de l'Etat s'affaisse insensiblement ; il périt aux yeux de ceux qui le gouvernent, étonnés de sa chute et presque toujours écrasés sous ses débris.

C'est pourquoi on ne saurait trop méditer ceci : Quiconque connaîtra parfaitement son siècle sera en état de choisir entre le bon et le meilleur.

Un sage législateur cherchera à élever les âmes de ses sujets et non pas à en abaisser les cœurs. Les esclaves sont soumis par la crainte, les hommes libres ne sont conduits que par les sentiments qui, seuls, peuvent produire de grandes choses.

Le système reçu en Europe et la balance de la paix qu'on y voit établie, ne permettent plus d'arriver à quelque considération que par de sages lois, des maximes fixes et l'application au commerce.

La meilleure raison de la solidité de certaines monarchies que nous voyons aujourd'hui, est tirée de tout ce que nous avons dit ci-dessus.

N'attribuons qu'aux maximes stables, à la bonté des lois de la France, les prospérités et la grandeur où l'on voit cet Etat.

Quelle puissance ne serait pas renversée sous les coups qu'a soufferts cette monarchie?

La prison du roy Jean, la folie de Charles VI, les dépenses de François Ier, la fureur des guerres de Religion, les désordres de la Ligue, lui ont fait de profondes plaies. Elles ont disparu dans les dix années du règne paisible de Henry IV. Si depuis elle a essuyé d'autres calamités, elle n'a dû sa conservation qu'à un reste d'esprit d'ordre et de prévoyance qu'on ne trouve que dans les États modérés.

La maison d'Autriche paraît avoir eu pour principal et constant objet l'augmentation de ses possessions.

Son ambition a eu des moments bien flatteurs. Et c'est certainement à la perpétuité de ses maximes qu'elle doit le degré de puissance où nous l'avons vue. D'autres Etats, sans principes fixes, sont parvenus à un point d'élévation qui a alarmé tous les voisins; en conclura-t-on que le hasard régit ce monde? Non, on peut simplement en inférer qu'il y a des monarchies assez heureusement situées pour faire des fautes impunément. Un avantage local peut dans certaines circonstances l'emporter sur la prudence; mais il est certain que les Etats qui se conduisent par des règles sages et perpétuelles doivent à la fin prévaloir. Il y a aujourd'hui un prince en Europe dont le génie seul suffit à tout : père de ses peuples, guerrier consommé, législateur prudent et éclairé, enfin politique judicieux, il réunit dans sa façon de gouverner tous les avantages répandus' dans les différentes formes d'administration. Quels en ont été les fruits ? De vastes projets heureusement exécutés, une grande et fertile province réunie à ses domaines, la balance de la paix déposée entre ses mains. Ennemi redoutable, allié considéré, sa conduite et sa sagesse l'ont élevé à un point de grandeur que la nature de sa puissance ne comportait pas.

C'est une question bien vaine et bien rabattue que la supériorité d'une espèce de gouvernement sur un autre : ayant tous le même but, le meilleur est donc celui qui convient le mieux aux peuples chez lesquels il est établi.

Le mouvement rapide des passions entraîne avec force chaque gouvernement hors de sa nature.

Le mixte devient populaire. Les monarchies se perdent insensiblement dans le gouffre du despotisme. Il faut établir des lois si fixes, que la rapidité de ce mouvement vienne s'y briser comme les vagues sur le rivage. J'ai toujours été persuadé qu'un moyen solide de parvenir à ce grand point, c'est de choisir une forme d'administration dont les lois de l'Etat en soient la base.

Après les maux que le despotisme a faits à l'humanité, un législateur qui veut travailler à son bonheur doit lui opposer une barrière impénétrable. Je ne puis cesser de le répéter, c'est l'arbitraire dans l'administration, c'est le mépris ou l'ignorance des principes qui perdent les Etats. La volonté absolue et bienfaisante ne produit que des biens passagers, telles que ces fleurs que le soleil fait quelquefois éclore au milieu des hivers, et que le souffle des aquilons enlève si rapidement. Quels objets ne se présentent pas aux yeux d'un génie élevé qui veut régner en marchant sur la trace des grands Roys ! Il faut prendre de sages musures pour assurer la perpétuité du bonheur de l'Etat.

Les Républiques vont lentement, mais sans interruption, au

but de leurs institutions. C'est l'avantage particulier que ce gouvernement a sur la monarchie : les succès ne sont pas si prompts, mais ils sont plus sûrs.

Le commerce est l'âme de l'Etat : il est la source de sa puissance ; par la nature des choses il a aujourd'hui la plus grande influence dans les affaires principales.

L'Angleterre paraît avoir fait de cet axiome la maxime fondamentale de sa politique ; son esprit est de tourner tous ses intérêts vers ce grand but.

A quel degré de puissance l'application au commerce ne porte-t-elle pas une monarchie ! L'histoire en fournit des exemples mémorables, qui subsistent encore aujourd'hui.

L'empire que les Hollandais se sont procuré dans les Indes orientales n'est-il pas dû à la puissance commerciale ?

N'est-ce pas au génie commerçant que la nation anglaise doit la considération dont elle jouit depuis longtemps parmi nous ? L'immensité de son commerce lui a mis la balance de l'Europe entre les mains ; elle en est presque à faire à son gré. Gibraltar, ville importante, lui aide merveilleusement. Elle l'a enlevée à l'Espagne et la conserve malgré tous les efforts de son orgueilleuse rivale. Un port trop heureusement situé pouvait nuire à la sûreté de sa navigation, elle oblige son fier ennemi à le démolir à ses frais ; et, plus tard, malgré une paix qu'il pense avoir dictée, il est encore contraint de renoncer à la gloire, à l'utilité de la rétablir.

De ce que je dis du commerce, on jugera combien je l'aurais encouragé et soutenu.

De bonnes lois politiques sont essentielles. Tout Etat qui ne se conduit pas avec ses voisins par des vues permanentes, qui change de système en changeant de ministres, n'arrivera jamais à un point de grandeur bien élevé. La conduite extérieure que j'étais obligé de suivre n'avait rien d'épineux. Les intérêts publics de la Corse étaient si peu mêlés aux intérêts étrangers, que rien n'était plus aisé à conduire. Aussi, en paix avec tout le monde, j'aurais pu m'occuper utilement des sciences et des arts. Ils servent infiniment à la gloire des empires et à la félicité des peuples, car ils éclairent les esprits et adoucissent les mœurs. Si j'ose employer ce terme, les sciences et les arts auraient embelli la Corse, où tous les encouragements possibles auraient attiré les philosophes, les savants et les artistes célèbres.

L'indolence avec laquelle le plus puissant voisin que j'aurais eus, regarde depuis si longtemps les objets étrangers, me permettait d'accroître mes forces dans l'ombre et le silence. Accoutumé à braver celles de l'Europe réunies, à peine aurais-je été digne de son attention. Ainsi le peu d'égards qu'il aurait eus pour la Corse, aurait tourné au profit de cette île. Enfin la police intérieure n'aurait pas été négligée ; j'avais des maximes que je comptais mettre à exécution. Mon orgueil aurait consisté à prendre place parmi le petit nombre de bons rois.

C'est un spectacle bien singulier et bien affligeant que celui que nous présente l'histoire des roys. A peine un petit nombre de princes console l'univers de la foule de monstres dont il a été le déplorable jouet. Bornons-nous à quelque époque particulière.

Il n'a jamais existé de plus belle monarchie que le royaume de France, dans le cours de 1200 ans. Combien trouve-t-on de roys à qui le bonheur de leur peuple ait été cher ? Les premiers des deux races étaient des barbares ou des brigands. Hugues-Capet n'a été connu que par l'heureux succès d'une ambition criminelle. A peine cinq à six de ses successeurs ont mérité d'être appelés des roys, si l'on donne à ce mot la signification qui lui est propre.

Il faut excepter de cette thèse générale, Charles le Sage, Louis XII, Henri IV et Louis XIV. Il n'y a souvent rien de moins mérité que la réputation que certains écrivains procurent aux princes. En effet, Charlemagne, pour ne citer que celui-là, ce monarque superstitieux et stupide, ce barbare qui versa des torrents de sang, n'est-il pas par eux égalé aux plus fameux ?

Je ne parlerai point de mes projets sur la création de certaines compagnies que je voulais établir ; on sait assez que la nature de ma puissance ne me permettait pas de grandes idées ; mais la patience, le travail et l'industrie suppléent quelquefois aux difficultés locales. Tout ce que mes peuples pouvaient attendre de moi, c'était de favoriser, de protéger, de soutenir leurs efforts.

Un commencement de succès encourage à de plus vastes entreprises. C'est à un premier succès heureux obtenu dans les Indes, que les Hollandais doivent leur crédit et leurs richesses. La culture des terres doit être un premier soin du législateur ; c'est le point sur lequel tout doit se mouvoir : faciliter le débit des denrées, remédier à l'avilissement des gains, encourager l'agriculture, sont des maximes qu'il est dangereux d'oublier. Tous les profits que le particulier pense faire comme cultivateur, tourne nécessairement à l'avantage public. Ces sortes de profits sont louables ; combien diffèrent-ils de ces gains monstrueux et affligeants qui ruinent les peuples et mettent des entraves au corps de l'Etat ! Le commerce étendu et favorisé, doit nécessairement procurer l'amélioration du fonds de terre ; il procure au cultivateur un débit certain du superflu des denrées. Plus le commerce est considérable, plus il encourage ceux qui trouvent dans le travail un gain assuré.

C'est aux petites nations à faire le commerce d'économie, moins prompt dans les succès, moins brillant dans les objets que le commerce du luxe, mais plus solide et moins sujet aux variations qui ont si souvent changé la face du dernier.

Que les plus grands génies n'aient pas tourné la tête de ce côté, cela ne doit pas surprendre, étant donné les circonstances où ils se sont trouvés. César et Charlemagne ont ignoré l'importance du commerce dans un temps où les conquêtes tenaient lieu de tout. Mais Salomon avait enrichi son peuple par le commerce dans la terre de Dapha. Pour prévenir les objections que peuvent fournir les fausses idées du gouvernement militaire, il est nécessaire d'examiner brièvement comment les nations sans commerce sont parvenues à un si haut degré de puissance. Les Romains n'avaient qu'un commerce de nécessité, et peu de police, hors les militaires, et pourtant ils sont devenus la plus puissante des nations. Les Arabes, également sans commerce et sans police, ont encore cet avantage sur les Romains, que leur puissance a été l'ouvrage de moins de 50 ans. Ces deux exemples pris au hasard démontrent, en effet, que dans une nation, l'esprit de conquête et l'esprit de commerce s'excluent mutuellement et que de même l'esprit de conquête et l'esprit de conservation ne sont pas moins incompatibles, c'est-à-dire que lorsque la nation conquérante cesse de l'être, elle est bientôt subjuguée. Au contraire, l'esprit de commerce est toujours accompagné de la sagesse nécessaire pour la conservation, et cherche moins à étendre des fonctions qu'à bâtir des fortunes pour la tranquillité. Le courage s'entretient par les périls attachés aux grandes navigations, quoiqu'il ne soit pas agité par l'ambition effrénée d'envahir les terres des voisins. Les Carthaginois, animés d'un certain esprit de commerce, ont, avec des troupes mauvaises, remporté les plus grands avantages sur les Romains, qu'ils ont été sur le point de soumettre ; et si ces derniers ont enfin été les vainqueurs, ce n'est que grâce à des circonstances particulières.

L'esprit de conquête est plus impétueux dans sa source que rapide dans ses progrès. Si les Carthaginois avaient eu des frontières fortifiées, s'ils avaient eu l'esprit de conservation plus accentué, avec l'esprit intéressé qu'on leur connaît de découvrir de nouveaux pays, les Romains n'auraient été pour eux, dans la première guerre punique, qu'une troupe de bandits. Rome, jusqu'à ses Empereurs, a plutôt été un camp qu'une ville ; les habitants étaient plutôt des soldats que des citoyens occupés à se policer et à se procurer avec équité ce qui leur manquait. Les Empereurs, redevables de leur élévation à la milice, étaient des généraux toujours embarrassés à la contenir, car ils étaient sous sa dépendance.

Ils ne pensaient ni à s'assurer de leurs frontières, ni à policer leurs Etats, où l'on ne parvenait aux honneurs et aux richesses que par la guerre. Dès que le temps et le manque de discipline eurent amolli l'esprit de conquête, ils furent aisément subjugués par les peuples du Nord qui avaient la férocité des premiers Romains.

L'Asie a éprouvé le même sort que l'Europe : sans commerce, sans police, elle a toujours été livrée à de nouveaux tyrans, continuellement détruits les uns par les autres. Le Califat, la plus vaste des puissances, formée par un fanatisme de religion conquérante, devint, dès qu'il cessa de s'étendre, le jouet des plus petites dynasties, qui se disputaient à l'envi, la gloire de le soumettre ou de le protéger.

Examinons un moment quelles devaient être les forces du grand Seigneur : ce qu'il possède en Europe suffit pour l'égaler à ses plus puissants voisins ; il a de plus l'Asie-Mineure, la Syrie, l'Egypte, etc... Cependant à peine regarde-t-on ce dominateur de tant de nations comme une véritable puissance. C'est que l'esprit de conquête, qui l'avait rendu si grand, s'est dissipé, et l'esprit de conservation ne lui a pas succédé.

Si l'esprit de commerce et de police, qui sont inséparables, animaient le législateur des Turcs, le reste de l'Europe unie suffirait à peine pour résister à sa puissance ; mais sans cela, nous n'en avons rien à craindre, quand même ses sujets retrouveraient le courage et le fanatisme de leurs premiers conquérants. Des frontières bien fortifiées et de nouveaux obstacles, après qu'ils auraient surmonté les premiers, ralentiraient bientôt leur impétuosité.

La nation Moscovite était comme ignorée en Europe avant que le czar Pierre eût entrepris de la rendre commerçante ; avec le commerce, sa force a vite augmenté, sa marine et le port de Pétersbourg, construit presque malgré la nature, lui sont plus utiles que ne l'étaient les vastes campagnes de Sibérie et de Tartarie. La force des Etats ne se mesure pas au terrain : c'est au nombre de citoyens et à l'utilité de leurs travaux.

Enfin, l'esprit de paix a éclairé l'Europe et tant qu'il régnera, une juste balance empêchera toujours qu'une puissance ne s'élève par ses conquêtes assez haut pour se faire craindre. Si quelques intérêts momentanés troublent cette heureuse harmonie, le vainqueur n'aura plus à espérer d'étendre ses limites.

Tout doit s'unir pour arrêter ses dangereux progrès. Une nation ne peut plus s'agrandir que par la sagesse de son gouvernement intérieur.

Le législateur s'efforcera d'augmenter le nombre des habitants, soit en empêchant qu'ils ne dépeuplent mal à propos le lieu de la domination pour aller peupler des colonies, soit en favorisant toute sorte de commerce par une liberté qui excite l'industrie assurée du succès, soit enfin en attirant des voisins pauvres auxquels il distribuerait des terres incultes, ou procurerait des travaux aisés.

Je n'ai pas voulu charger cet ouvrage des pièces originales dont je suis encore en possession ; j'ai cru qu'une simple narration porterait un caractère de vérité auquel il ne serait pas possible de se refuser ; mais je ne m'étendrai pas plus au long sur les vues que j'avais pour rendre mes peuples heureux et mon règne florissant. On sent à quel point de félicité peuvent conduire les principes que j'ai posés. Si j'avais pu les mettre en pratique, le bonheur de tant d'hommes serait le prix le plus doux et le plus flatteur de mes efforts.

Dans la situation où je me trouve, je n'ai nul intérêt qui puisse me forcer à parler ; il ne me reste aucun désir de réclamer des droits légitimes sans doute, mais pour lesquels mon âge et mes malheurs m'ont bien refroidi. Privé de la gloire de faire la félicité d'un peuple auquel je m'étais dévoué, je crois m'acquitter envers les hommes en publiant ce que je pense sur la manière de les gouverner.

Qu'on ne regarde point cet ouvrage comme une satire contre les rois. Un pareil reproche serait un crime. Mes écrits sont dictés par l'équité ; ceux qui aiment la vérité n'empoisonneront point mes intentions.

Je crois devoir dire un mot sur la liberté avec laquelle je m'explique ; elle choquera les âmes faibles, que les noms pénètrent d'un vague respect ; mais ceux qui ont assez d'élévation pour n'estimer dans les choses que ce qui est véritablement estimable, sentiront que j'ai dû me laisser guider par l'amour de la vérité et non par des égards frivoles et populaires. Que les rois et les ministres unissent inséparablement leurs causes à la Justice : les plaintes que l'on fait quelquefois contre eux se changeront en louanges. Quels biens ne peuvent pas faire à la nature humaine ces brillantes images de la divinité ! Heureux si, touchés de tous les rapports de cette auguste ressemblance, ils étaient comme elle justes et bienfaisants.

Je n'ai point suivi de plan fixe dans la contexture de mon ouvrage ; je me suis laissé entraîner par les objets qui me frappaient. Le sentiment a beaucoup plus de part à ces maximes que l'esprit. Un ordre exact dans le choix des matières que j'ai traitées, leur aurait donné un air de système et de régularité que j'ai voulu éviter ; mon but n'est pas de grossir la liste peu nombreuse des souverains qui ont écrit. Il sera aisé de s'apercevoir que j'aurais suivi en régnant des routes peu fréquentées. Je n'ai rien dit de ma conduite journalière, de l'étiquette de la cour et de ces illustres bagatelles, dont les courtisans amusent leur oisiveté. Je n'ai voulu développer dans cet ouvrage que l'esprit des maximes et des principes de l'Etat. — C'est à la postérité qu'il appartient de prononcer. Les roys ne connaissent point d'autres juges. Je lui soumets l'examen de mes desseins et de mes principes. Mon amour pour la vérité, le désir de rendre les hommes heureux ne me laissent rien craindre de l'équité et de la rigueur de ses jugements.

Que les roys ne s'offensent point des bornes que nos maximes mettent à leur autorité ; qu'ils ne se laissent pas rebuter par le nombre et l'importance des devoirs que je leur prescris. La destinée même est sujette à des lois, elle les suit, parce qu'elle les a faites, elle les a faites parce qu'elles ont du rapport avec sa sagesse et sa puissance.

Les lois qui limitent le pouvoir des souverains ressemblent à ces obstacles que la nature oppose au cours des fleuves ; ils n'en coulent après qu'avec plus de force et de rapidité : la puissance unie aux lois entraîne tout avec elle par la vivacité de son mouvement.

Je ne puis m'empêcher, avant de finir cet ouvrage, de faire quelques réflexions sur un abus déplorable et trop enraciné : j'ai toujours regardé la peine de mort, universellement reçue dans les sociétés, comme un sacrifice que la nature humaine a été obligée de faire à la nature humaine ; sacrifice arraché par la nécessité et dont on augmente l'injustice et la dureté par un abus que je déplore et qui est de tous le plus condamnable. Dans l'origine du droit, il est impossible de regarder la puissance de vie ou de mort comme légitime.

Le pouvoir public, ou le gouvernement, est la réunion des pouvoirs particuliers. Aucun droit particulier n'a droit de vie ou de mort ; ils n'ont donc pas pu le donner à leur réunion, mais la nécessité a permis une injustice particulière pour la tranquillité générale, droit pareil à l'autorité que les tyrans usur-

paient dans les Républiques grecques pour mettre fin à l[...]
chie.

La peine de mort n'ayant donc été établie que pour la [...]
rité, il ne faut pas la prodiguer pour les crimes qui ne cho[...]
pas fondamentalement cette sécurité.

Puisse cet ouvrage être utile aux peuples et aux rois !
ces derniers y apprennent leur devoir et l'obligation où ils [...]
de rendre leurs sujets heureux ! Qu'à leur tour les peupl[...]
persuadent que les avantages qu'ils retirent de la sujétion [...]
font contracter une dette immense, dette que le res[...]
l'amour, l'obéissance et la fidélité peuvent seuls acquitter !

Je serais trop content si je voyais ces vérités plus répan[...]
et plus accréditées sur la terre, et si l'exemple d'un p[...]
infortuné pouvait s'ajouter à l'équité et à l'évidence de [...]
maximes. Ce n'est que l'épreuve des malheurs qui donne [...]
tendresse de cœur que les rois élevés dans la pourpre con[...]
sent si rarement. Elle contribue plus efficacement à la dou[...]
du gouvernement que tous les préceptes.

Elle a formé Henri IV, et par là elle a fait aux homme[...]
présent le plus précieux, puisque l'exemple de ce grand [...]
peut servir de modèle aux princes.

Heureux celui que tant de vertus toucheront !

Heureux les Etats à qui elles formeront un pareil maître[...]

Signé : THÉODORE.

MONTPELLIER. — IMPRIMERIE GUSTAVE FIRMIN ET MONTANE.

www.ingramcontent.com/pod-product-compliance
Ingram Content Group UK Ltd.
Pitfield, Milton Keynes, MK11 3LW, UK
UKHW020019100726
13658UKWH00002B/982